岳麓書社

读名著　选岳麓

古典名著普及文库

三字经 百家姓 千字文

王 践 导读 注译

岳麓書社 · 长沙

出版说明

中国古典名著是中华优秀传统文化的重要载体，今天人们要学习传统文化，如果说有所谓捷径可寻，那恐怕就是直接阅读古典名著了。长期以来，为大众读者出版古典名著的普及读物一直是本社的重要使命。约三十年前，我们便出版了“古典名著普及文库”，收书五十余种，七十余册，蔚为大观。这套书命名为“普及”，首先是因为采用了简体字横排的排版方式。当时的古典名著图书，以未经整理的影印本和繁体竖排本居多，大众读者阅读有障碍，故本文库的推出，确有普及之效。其次，我们提出要让读者“以最少的钱买最好的书”，定价远低于当时同类型品种。基于此，这套“普及文库”迅速流向读者的书架，销量极大，功在普及不浅。

当年这套书，所收各书都是文言文全本，无注释，不翻译，对于今天的大众读者来说，已经很难起到普及作用了。而且，读者如果仅仅出于品鉴、入门的需要，也无须通读大部头的全本古籍。因而，我们推出这套全新的“古典名著普及文库”，在选目上广泛听取国内名校学者们的建议，收录经、史、子、集四部之中第一流的名著一百余种，邀请学有专攻的学者精心注释、翻译，并加以导读。篇幅大的经典，精选菁华，篇幅适中的出版全本，个别篇幅小的，则将主题相近的品种合刊为一册。

我们希望有更多的人能够买得起、读得懂中国的古典名著，接受中华优秀传统文化的滋养。这一套轻松好读又严谨可靠的普及文库，便是我们努力实践这一理念的结果。

目 录

三字经

通行的《三字经》相传是宋代学者王应麟编撰，后来一般都沿用此说。王应麟是南宋庆元(路治今浙江宁波)人，字伯厚，淳祐进士。他奉诏考士，见文天祥卷，认为“是卷古谊若龟鉴，忠肝如铁石”，极力向皇帝推荐，得置首选。度宗即位，他累迁礼部尚书，著有《深宁集》《玉堂类稿》《困学纪闻》《玉海》等书二十余种，是一位忧时爱国、学问赅博、治学谨严的学者。因为《三字经》里叙述史实有不当之处，有的语言不够严密，似与王氏一贯治学谨严的态度不合，同时书中“魏蜀吴，争汉鼎”的话，也与王氏尊蜀抑魏的观点不符，所以有人认为《三字经》非王应麟所作，注释者王相则不同意这种看法。王相是明末清初人，字晋升，他选注的五言《千家诗》流传至今，还编撰有《尺牍嘤鸣集》《女四书》等书。

历来推崇《三字经》的人，称它为“袖里《通鉴纲目》”“千古一奇书”“若能句句知诠解，子史经书一贯通”。确实，自宋以后，《三字经》成为一本家喻户晓、脍炙人口的启蒙教材。以王相注本为例，全书正文总共一千一百多字，包含的内容却非常广博丰富。首先讲教和学的重要性，如：“养不教，父之过，教不严，师之惰。”“玉不琢，不成器，人不学，不知义。”这些话成了人们多年传诵的格言，至今仍有其积极意义。其次讲礼教规范，其中不少话宣扬“三纲五常”之类的封建伦理道德，是不足取的，但“香九龄，能温席”“融四岁，能让梨”，这些孝顺父母、友爱兄弟的故事，却不能不说是我们民族的传统美德，对教育儿童也还有其积极意义，在今天也还应该提倡。再次是介绍数目、四时、五行、六谷、六畜这些基本名物，介绍“小学”“四书”“六经”和

"五子"这些当时年轻学子所必须具备的常识,然后用较长的篇幅讲述历史。《三字经》为宋代人所作,其谈历史的部分,原来写到宋朝就完了,自辽金以下,都是后人续写的。王相注本则讲到明末:"迨崇祯,煤山逝。"记住这些整齐押韵的句子,对中国自传说时期的伏羲、神农、黄帝至宋元明清的历朝名号就记清了。书的最后讲了很多我国历史上发愤求学成才的人物故事,如:"头悬梁,锥刺股,彼不教,自勤苦。如囊萤,如映雪,家虽贫,学不辍。"而且明确指出:"有为者,亦若是。""犬守夜,鸡司晨,苟不学,曷为人。蚕吐丝,蜂酿蜜,人不学,不如物。"这些话对勉励儿童奋发向上,做有作为的人,无疑是有启发作用的。

《三字经》在编写上确有其高明和独特之处,值得我们研究借鉴。它采用三言韵语,读起来朗朗上口,便于记诵,又通俗易懂,无艰深古奥或勉强拼凑的毛病。全书或三字成句,或六字成句,或十二字成句,变化多样,生动活泼。自《三字经》问世以来,相继出现了不少三言韵语的蒙书,直到现当代,很多普及读物还往往采用这种形式,如《中国地理三字经》《中国历史三字经》等,可见其影响之深远。

喻岳衡

导读

关于人的本性，中国和西方古代均存在着两种不同的见解，中国古代思想家多持“性善论”，西方先哲则多持“性恶论”。《三字经》的作者显然是持前一种观点，同时也强调后天的学习教育对于人的本性的重要性。

原文

人之初，性[1]本善，性相近，习[2]相远。苟[3]不教[4]，性乃迁[5]，教之道[6]，贵以[7]专[8]。

译文

人在刚出生的时候，本性都是善良的。虽说本性相近，但因后天环境和习染的不同，便造成性情和气质的差异。假如不对孩子施行良好的教育，人的善良本性就会改变。而教育的方法，则在于专心致志，始终如一。

注释

1 **性**：天性，本性。
2 **习**：习染，学习。
3 **苟**：假如，如果。
4 **教**：教育，教化。
5 **迁**：变迁，变化。
6 **道**：规律，方法。
7 **以**：在于，凭借。
8 **专**：专一。

链接

铁杵磨成针：传说李白小时候在山中读书，因厌恶学习，便私自逃离。

在山下一条小溪旁，他看见一位老婆婆在石头上磨一根又粗又长的铁棒。李白好奇地问老婆婆磨铁棒干什么，老婆婆回答说："我想将它磨成绣花针。"李白由此领悟到，要想成大器，就得专心致志，下足功夫。于是他返回山中继续学习，后来成为一代大诗人。

导读

孟子发奋学习，终成一代宗师，既说明良好的家庭教育对于孩子的积极作用，也进一步说明了学习对于成长的重要性。教育孩子，必须有一套好的方法，好的方法，往往可以取得事半功倍的效果。教育包括两个方面，一是家教，二是师教。教育孩子，家长与教师均有责任，家教与师教相结合，是培养孩子成才的有效途径。中国古代道德体系中，有一个基本的道德规范——"孝悌"。孝即孝敬父母，悌指尊敬兄长。这两条，应该说是处理人与人之间关系的基本准则。我们很难设想，一个不懂得孝敬父母、尊敬兄长的人，如何能够尊重和善待他人。那么，教育的目的究竟是什么？作者提出了一个很有意义的命题，即如何处理做人与求知的关系。作者认为首先是做人，其次才是求知。一个道德高尚、品行完美的人，可以用掌握的知识报效国家，造福人民；而道德败坏、品行低下的人，即便拥有再多的知识，也只能是为谋取一己之私所用，而无益于社会。

原文

昔孟母[1]，择邻处[2]，子不学，断机杼[4]。窦燕山[5]，有义方[6]，教五子，名俱扬。养不教，父之过[7]，教不严，师之惰[8]。子不学，非所宜[9]，幼不

译文

以前孟子的母亲，为了给孩子营造一个好的环境而三次搬家，孟子逃学，孟母割断正在纺的纱线以诫勉他。窦燕山教子有方，五个儿子，均扬名天下。养育了孩子而不教育他，这是做父亲的过错，教育学生而不严格要求他，这是做老师的懒惰。孩子如果不好好学习，是很不应该的，年轻时不学习，到老时能有什么作为呢？

学，老何为。玉不琢[10]，不成器[11]，人不学，不知义[12]。

玉石不经过雕琢，不能成为精美适用的器物，而人不读书学习，也不能懂得做人的道理。

注释

1 **孟母：**中国古代思想家孟子的母亲。孟子少年丧父，传说他的母亲为了能使他安心学习，曾三次搬家。有一次，孟子偷偷地跑出去玩耍，孟母生气地割断正在纺织的纱线，以此告诫孟子学习必须持之以恒，不可半途而废。

2 **邻：**邻居。

3 **处：**居处。

4 **机杼：**织布机的梭子。

5 **窦燕山：**原名窦禹钧，五代蓟州渔阳人，因家处燕山一带，又称窦燕山。五代后周时为户部郎中，五子仪、俨、侃、偁、僖相继登进士第，学问优博，并有时誉，人称“窦氏五龙”。

6 **义方：**合乎道义的教育方法。

7 **过：**过失，错误。

8 **惰：**懒惰。

9 **宜：**适宜，恰当。

10 **琢：**雕琢。

11 **器：**器物，器皿。

12 **义：**道理。

原文

为[1]人子，方[2]少时，亲[3]师友，习礼仪[4]。香[5]九龄[6]，能温席，孝于亲[7]，所当执[8]。融[9]四岁，能让梨，弟于

译文

做儿女的，从小就应该懂得尊敬师长和善待朋友，学习待人接物的道理和礼节。黄香年仅九岁，就知道为父母温暖枕席，这种孝敬父母的行为，每一个做儿女的都应当遵行。孔融才四岁，就知道把大梨让给哥哥，这种弟

长[10]，宜先知。首孝悌[11]，次见闻，知某[12]数，识某文[13]。一而[14]十，十而百，百而千，千而万。

弟尊重兄长的道理，从小就应该知道。为人首先要孝敬父母，尊敬兄长，其次才是学习知识，丰富见闻，知道一些算术常识，了解基本的文理知识。数字是从一到十，从十到百，从百到千，从千到万。

注释

1 **为**：作为。
2 **方**：正当。
3 **亲**：亲近，亲善。
4 **礼仪**：礼节和仪式。
5 **香**：黄香，东汉人，中国古代著名的二十四孝子之一。据说黄香十分孝敬父母，夏天入睡前先把父母的枕席扇凉，冬天则用自己的身体暖热父母的被褥。
6 **龄**：年岁。
7 **亲**：父母双亲。
8 **执**：遵守，施行。
9 **融**：孔融，字文举，东汉著名文学家，孔子第二十世孙。
10 **弟**：同"悌"，顺从和敬爱兄长。 **长**：年长者，这里指兄长。
11 **孝悌**：孝顺父母，敬爱兄长。
12 **某**：一些，基本。
13 **文**：文理知识。
14 **而**：连词，有"到"的意思。

链接

程门立雪：游酢和杨时去拜访著名理学家程颐，正值程颐午睡。游、杨二人便在门外恭恭敬敬地等候。当时，正是隆冬时节，天上飘起鹅毛大雪，不一会儿，地上积雪已有尺余。程颐醒来后，听说有两个青年一直在外面守候，既惊讶又感动，赶忙将二人请进屋中，并热情解答了他们的问题。

导读

天、地、人，日、月、星，都是自然界不可移易的存在，作者由此导出封建道德规范“三纲”的合理性。“三纲”集中反映了封建宗法伦理中的思想糟粕，它所鼓吹的愚忠、愚孝和妇德，在封建社会中一直是愚弄和欺骗人民的道德教条。时间具有一维性，不可重复，不可再现。由此，作者引申出四时、四方、五行等内容，时间遵循着一定规律运行，方位对应着一个中心确立，元素依照着一定秩序构成，不以人的意志为转移。作者再由此导出封建道德的信条“五常”，告诫人们它像四时、四方、五行一样，都是不可改变、不容紊乱的，以此说明封建秩序的合理性。与“三纲”不一样的是，“五常”的内容颇具积极因素。

原文

三才[1]者，天地人，三光[2]者，日月星。三纲[3]者，君臣义，父子亲，夫妇顺[4]。曰春夏，曰秋冬，此四时[5]，运[6]不穷[7]。曰南北，曰西东，此四方[8]，应[9]乎中[10]。曰水火，木金土，此五行，本[11]乎数[12]。曰仁义，礼智信，此五常[13]，不容紊[14]。

译文

宇宙中有三样基本的事物，就是天、地、人，天空中有三种发光的物体，就是日、月、星。人世间有三条纲领，就是君臣之间要有义，父子之间要有爱，夫妇之间要和顺。春夏秋冬，四季运行没有穷尽。东西南北，四个方位对应中央。水火木金土五种元素，本原在于天数。仁义礼智信五条准则，关系不容紊乱。

注释

1 **三才**：中国古代以天、地、人为三才。

2 **光**：发光的物体。

3 **三纲**：中国古代封建礼教所提倡的人与人之间的道德标准，即君为臣纲，父为子纲，夫为妻纲。纲，本义是提网的总绳；为纲，是居于主要或支配地位的意思。

4 **顺**:和顺。

5 **时**:季节。

6 **运**:运行,运转。

7 **穷**:尽头。

8 **方**:方向,方位。

9 **应**:对应,照应。

10 **中**:中间,中央。

11 **本**:本原,根本。

12 **数**:天数。

13 **常**:不变的。这里讲的“五常”与前文中“三纲”相呼应,合称“三纲五常”。“五常”指仁义礼智信,仁,指仁爱之心;义,指合乎正义或道德规范;礼,指礼节礼仪;智,指知识和智慧;信,指信用。

14 **紊**:乱。

链接

南辕北辙:战国时期,有一个居住在北方的人,要到南方的楚国去。他驾着马车从太行山下动身,向北方奔驰而去。一路上对别人说:“我要去楚国。”有人说:“到楚国去,应该往南走,你为什么往北去呢?”那人回答说:“没关系,我的马跑得快。”听者问道:“马虽跑得快,但朝北走,到不了楚国吧?”那人说:“没关系,我带了充足的旅费呢。”听者说:“旅费再充足也不济事,这毕竟不是去楚国的路啊!”那人说:“没关系,我还有一个很好的马夫,他赶马驾车的本事很好呢。”这种人的车马越好,马夫驾车技术越高,只能是越走离楚国越远。

导读

六种谷物为人类所食用,六种畜类为人类所饲养,这与我们生活息息相关,必须被重视、珍惜和善待。食色,性也。人有七情六欲,但一定要有所节制。音乐能愉悦我们的感官,陶冶我们的情操,应该学会欣赏和享受。

这段文字体现了从物质生活层面向精神生活层面的递进。

原文

稻粱菽[1],麦黍[2]稷[3],此六谷,人所食。马牛羊,鸡犬豕[4],此六畜,人所饲。曰喜怒,曰哀惧,爱恶欲,七情[5]具。匏土革,木石金,丝与竹,乃八音[6]。

译文

稻子、高粱和豆子,麦子、黄米和小米,这六种谷物是人的主要食物。马、牛、羊,鸡、狗、猪,这六种牲畜是人所饲养的家畜。喜、怒、哀、惧、爱、恶、欲,是人的七种基本情感。匏、土、革、木、石、金、丝、竹,是乐器的八种类别。

注释

1 **菽:**豆类的总称。

2 **黍:**一年生草本植物,籽实淡黄色,去皮后叫黄米,比小米稍大,煮熟后有黏性。是重要粮食作物之一,籽实可以酿酒、做糕等。

3 **稷:**一种粮食作物,一说是黍一类的作物,一说是小米。

4 **豕:**猪。

5 **七情:**古有"七情六欲"之说,七情指高兴、愤怒、哀伤、恐惧、喜爱、憎恶、欲望七种情感;六欲指生、死及眼、耳、鼻、口所产生的欲念。

6 **八音:**古代对八种用不同材质为主体制成的乐器的统称,即匏、土、革、木、石、金、丝、竹。其中,匏,是指笙簧类乐器;土,是指缶埙类乐器;革,是指鼓类乐器;木,是指木制类乐器;石,指石磬类乐器;金,指铜制类敲击乐器;丝,是指弦乐器,如琴、瑟、筝、琵琶等;竹,是指箫笛类乐器。

链接

高山流水:伯牙擅长弹琴,钟子期善于欣赏。伯牙弹琴,内心向往着登临高山。钟子期便赞叹:"好啊,巍巍峨峨就像高山一样啊!"伯牙又向往着畅游流水。钟子期又喝彩说:"妙啊,浩浩荡荡就像江河一样啊!"凡是伯牙心中所想所念,钟子期都能知道。后来,钟子期因病死去,伯牙痛失知音，遂摔碎古琴，终身不再弹奏。

导读

这一段，介绍了“九族”和“十义”的内容。在封建社会中，对于那些犯有重罪的人，往往是株连九族。中国封建社会的伦理道德学说曾是维系社会秩序、构建社会和谐的精神支柱。传统道德讲究礼仪，讲究尊卑秩序，有一定的积极意义，如晚辈要尊敬长辈，朋友要以诚相待等。但封建社会倡导这些道德规范的最终目的，是为了维护封建统治秩序。统治者将这种秩序演变成一种人身依附关系，以至将其夸张到荒谬的程度，如君要臣死，臣不得不死之类，则是我们要坚决摒弃的。

原文

高曾祖，父而身，身而子，子而孙。自子孙，至玄曾，乃九族[1]，人之伦[2]。父子恩[3]，夫妇从[4]，兄则友，弟则恭[5]。长幼序，友与朋[6]，君则敬，臣则忠。此十义[7]，人所同。

译文

从高祖、曾祖、祖父、父亲到我辈，再到儿子、孙子、曾孙、玄孙，这就是九族，是老幼尊卑的基本秩序。父亲要爱护儿子，儿子要孝敬父亲，丈夫要亲和妻子，妻子要顺从丈夫，兄长要爱护弟弟，弟弟要尊敬兄长。长幼之间要讲求尊卑次序，朋友之间要讲求信用，君王要尊重臣子，臣子要忠于君王。这就是做人的十义，大家都要遵守。

注释

1 **九族：**由自身算起，上指高祖、曾祖、祖父、父亲，下指儿子、孙子、曾孙、玄孙。

2 **伦：**秩序，顺序。

3 **恩：**恩爱，仁爱。

4 **从：**顺从。

5 **恭：**恭敬。
6 **友与朋：**朋友之间要讲信用。
7 **十义：**指父慈、子孝、夫和、妻顺、兄友、弟恭、朋谊、友信、君敬、臣忠。

链接

举案齐眉：东汉人梁鸿年轻时给人做雇工，每次回到家里，妻子孟光给他做好饭，上饭时都把端饭的托盘举得齐眉，以示对丈夫的恭敬，梁鸿对孟光也以礼相待，二人相敬如宾，传为佳话。

导读

读书学习，不仅要知其然，而且要知其所以然，切忌一知半解。正确的学习方法是先易后难，循序渐进。作者在这里为读书学习的人开列了一份必读书单，告诫孩子们首先掌握待人接物的一些基本道理和常识，然后进一步学习和研修经典著作，诸如"四书""六经""五子"等。"四书"是为官做人的基本义理，"六经"则进一步夯实学问功底。从"六经"的内容看，它实际上包括了古代政治生活和社会生活的重要方面。在"学而优则仕"的封建社会，作者以较大的篇幅介绍"四书""六经"，其用意不言自明。书海无涯，每一个读书人必须处理好精读与泛读的关系。作者深谙此中道理，所以提出，读诸子的书，主要掌握其中的主要观点和内容，也就是泛读。因为《三字经》的读者主要是孩子，所以作者的意见很有针对性。

原文

凡训[1]蒙[2]，须讲究，详训诂[3]，明句读[4]。为学者，必有初[5]，小学[6]终，至四书[7]。

译文

教育刚刚发蒙的小孩，必须讲究学习方法，重在弄明白字句的意思，搞清楚应该在哪里停顿断句。读书学习，必须有一个良好的开始，读完"小学"，便可以开始学习"四书"。

注释

1 **训**:训诫,教诲。

2 **蒙**:刚刚读书识字的孩子。

3 **训诂**:对古书字句作解释。

4 **句读**:文辞语意已尽处为句,未尽而须停顿处为读,指文章的停顿、断句。

5 **初**:开始。

6 **小学**:即文字学。因儿童入小学先学文字,故名。

7 **四书**:即《论语》《孟子》《中庸》《大学》。

原文

《论语》[1]者,二十篇,群弟子,记善言。《孟子》[2]者,七篇止,讲道德,说仁义。作《中庸》[3],子思[4]笔,中不偏,庸[5]不易。作《大学》[6],乃曾子[7],自修齐[8],至平治[9]。《孝经》[10]通,四书熟,如六经[11],始可读。

译文

"四书"中的《论语》,一共有二十篇,它是孔子的弟子对先生言论的记载。《孟子》一共有七篇,这本书专门阐述仁义道德。子思作《中庸》,"中"指的是不偏不倚,"庸"指的是不变不易。曾子作《大学》,讲述了从修身、齐家到治国、平天下的道理。如果读通《孝经》,而且读熟"四书",就可以进一步学习"六经"了。

注释

1 **《论语》**:孔子的弟子编纂的记载孔子言行的一部书,共二十篇。

2 **《孟子》**:孟子的弟子编纂的记载孟子言行的一部书,共七篇。

3 **《中庸》**:传说为孔子的孙子子思所作,共三十三篇。

4 **子思**:(前483—前402),名伋,字子思,战国初期思想家,孔子之孙,相传受业于孔子的弟子曾子。

5 **庸**:庸常,平常。这里指不变不易。

6 **《大学》**:传为孔子弟子曾子所作,书中提出了"格物""致知"的学习要求，阐述了修身、齐家、治国、平天下等一整套学以致用的理论。

7 **曾子：**（前505—前436），名参，字子舆，春秋末期思想家，孔子的弟子。

8 **修齐：**修，学问、品行方面的学习钻研。齐，整治，整理。

9 **平治：**平，治，同为治理之意。

10 **《孝经》：**相传为孔子的弟子根据孔子关于“孝道”的言论加以发挥而写成，共十八篇。

11 **六经：**中国古代六部儒家经典的合称，即《诗经》《尚书》《礼记》《乐经》《易经》《春秋》。其中《乐经》已失传，故通常称“五经”。

原文

有《连山》，有《归藏》，有《周易》，三易[1]详。有典谟，有训诰，有誓命，[2]书之奥[3]。我周公[4]，作《周礼》，著六官[5]，存治体[6]。大小戴[7]，注《礼记》，述圣言，礼乐备。曰国风，曰雅颂，号四诗[8]，当讽咏[9]。《诗》既亡[10]，《春秋》[11]作，寓褒贬，别善恶。三传[12]者，有《公羊》，有《左氏》，有《穀梁》。

译文

《易经》有《连山易》《归藏易》和《周易》，详细地阐明了易学。《尚书》由典、谟、训、诰、誓、命六大类组成，其含义非常深奥。周公作《周礼》，记载了当时六官的官制以及治理国家的政治制度。大戴和小戴注释《礼记》，阐述圣贤的言论，完备地反映了古代礼乐制度。国风、大雅、小雅、颂，合为“四诗”，我们应当诵读吟咏。《诗经》逐渐被人冷落，这时孔子又修订《春秋》，用以寄寓褒贬，区分善恶。为《春秋》作诠释的有三部书，即《公羊传》《左传》和《穀梁传》。

注释

1 **三易：**《易经》有《连山易》《归藏易》和《周易》三部，合称“三易”，前两种今已不见存世。

2 **有典谟，有训诰，有誓命：**典、谟、训、诰、誓、命，为《尚书》的六类。典指帝王受命之书；谟指大臣献策；训指臣下谏言；诰指君王诏书；誓指讨伐敌人的誓言和檄文;命指命令。

3 **奥:**艰涩,深奥。

4 **周公:** 姬姓,名旦,西周初期杰出的政治家、军事家、思想家、教育家,周文王姬昌第四子,周武王姬发的弟弟,曾两次辅佐周武王东伐纣王,并制礼乐。

5 **六官:**《周礼》将当时的官职分为六种,分别为天官冢宰(吏部)、地官司徒(户部)、春官宗伯(礼部)、夏官司马(兵部)、秋官司寇(刑部)、冬官司空(工部),称六官。

6 **治体:**国家政治制度。

7 **大小戴:**指西汉戴德(大戴)和他的侄子戴圣(小戴)。叔侄二人曾分别注释《礼记》。前者编撰的《礼记》为《大戴礼记》,后者编撰的《礼记》为《小戴礼记》。《大戴礼记》已失传。

8 **四诗:**《诗经》305 篇,分为风雅颂三类,其中雅有大雅和小雅,合称"四诗"。

9 **讽咏:**讽,抑扬顿挫地诵读;咏,吟咏。

10 **亡:**衰亡,衰败。这里指被人冷落。

11 **《春秋》:**中国古代的编年体史书,相传《春秋》经过孔子修订。

12 **三传:**指诠释《春秋》的三部书,分别是齐国人公羊高所著《公羊传》、鲁国人左丘明所著《左传》和鲁国人穀梁赤所著《穀梁传》。

原文

经既明,方[1]读子[2],撮[3]其要[4],记其事。五子[5]者,有荀扬,文中子,及老庄。

译文

"六经"读完了,才可以读诸子百家的书,要摘取其中的要点,记取其中的内容。诸子中着重学习"五子"的著作,即荀子、扬雄、文中子、老子和庄子。

注释

1 **方:**才。

2 **子:**子书,即诸子百家的著作。

3 **撮:**摘取。

4 **要:**要点。

5 **五子:**荀子,名况,战国时赵国人,著有《荀子》一书,提倡“性恶论”。扬雄,西汉时成都人,仿《论语》作《法言》,仿《易经》作《太玄》。文中子,姓王名通,门人私谥文中子,隋朝绛州龙门人,作《元经》和《中说》。老子,姓李名耳,春秋时楚国人,著有《道德经》一书。庄子,姓庄名周,战国时宋国蒙人,著有《南华经》一书。

链接

文王演易:商朝末年,西伯侯姬昌礼贤下士,施行改革,深得民心。商纣王对其既疑且惧,将姬昌囚禁于羑里(今河南省汤阴县北)达七年之久。在牢狱中,姬昌将伏羲八卦推演为六十四卦,著成《周易》一书。

导读

有了一定的学问知识,还须从历史中吸取经验。这一段从三皇五帝起,至明崇祯帝,将中国历史上的朝代顺次胪列,眉目清晰,便于人们从宏观上了解历史朝代更迭,从中培养史识,开明心智。

原文

经子通,读诸史,考世系[1],知始终。自羲农,至黄帝,号三皇[2],居上世。唐有虞[3],号二帝,相揖逊[4],称盛世。夏有禹,商有汤,周文武,称三王[5]。夏传子[6],家天下,四百载,迁夏

译文

“六经”和诸子都通晓以后,就可以研读历史了,考证帝王世系,了解朝代兴衰更替。从伏羲、神农到黄帝,这就是“三皇”,均居于上古时代。唐尧和虞舜,被称为贤明的“二帝”,他们禅让帝位,其治理的时期也都是历史上的盛世。夏禹、商汤和周文王、周武王,历史上被称为“三王”。从夏朝起,君王开始把帝位传给子嗣,从此就有了“家天下”,历经

社[7]。汤伐夏，国号[8]商，六百载，至纣亡。周武王，始诛纣，八百载，最长久。

四百年，夏朝社稷就改变了。汤讨伐夏桀，建立新国号商，商朝历经六百年，到商纣王时灭亡。周武王讨伐商纣王，其建立的周朝历经八百年，是所有王朝中历史最长久的一个朝代。

注释

1 **世系：**家族世代相承的系统，这里特指帝王世系。

2 **三皇：**传说中上古时期的三个君王，即伏羲、神农和黄帝。

3 **唐有虞：**唐，即帝尧，因初封于陶，又封于唐，故称陶唐氏。有虞，即帝舜，因帝尧在虞禅位于舜，故又称舜为有虞氏。

4 **揖逊：**谦让。这里指尧禅位给舜的故事。

5 **三王：**指夏、商、周三代之君。一说为夏禹、商汤、周武王，另一说为夏禹、商汤、周文王。这里作者是综而述之。

6 **夏传子：**夏禹将帝位传给自己的儿子，改变了过去尧舜禅让的做法，帝位世袭制开始形成，夏朝开了“家天下”的先河。

7 **社：**社稷。

8 **国号：**国家的称号。

原文

周辙[1]东，王纲[2]坠，逞干戈[3]，尚[4]游说。始春秋[5]，终战国[6]，五霸[7]强，七雄[8]出。嬴秦氏[9]，始兼并，传二世，楚汉争。高祖[10]兴，汉业建，至孝平[11]，王莽篡。光武[12]兴，为东汉，四百年，终于献[13]。

译文

周王室东迁至洛阳后，国家纲纪开始遭到破坏，到处都在炫耀武力，崇尚游说。东周起始于春秋，结束于战国，这一时期先后出现五霸争强和七雄并出的局面。秦王嬴政兼并六国，统一天下，传至秦二世，天下大乱，最终形成楚汉相争的局面。汉高祖刘邦在楚汉争斗中取胜，建立了西汉，至孝平帝时，王莽篡位建立新朝。光武帝兴起建立东汉，汉朝历经四百年，在汉献帝时灭亡。

注释

1 **辙：**车辙，这里指迁移。

2 **王纲：**国家的纲纪。

3 **干戈：**泛指武器，比喻战争。

4 **尚：**崇尚。

5 **春秋：**时代名，因鲁国编年史《春秋》得名。现在一般把公元前 770—前 476 年划为春秋时代。

6 **战国：**时代名，因各诸侯国之间连年战争，被称为“战国”。现在一般把公元前 475 年—前 221 年划为战国时代。

7 **五霸：**春秋时期先后称霸的五个诸侯，一般指齐桓公、晋文公、楚庄王、吴王阖闾、越王勾践。

8 **七雄：**指战国时期的齐、楚、燕、赵、韩、魏、秦七国，它们是当时各诸侯国中实力最强大的国家。因争雄称霸，后世遂以为名。

9 **嬴秦氏：**指秦王嬴政。

10 **高祖：**汉高祖刘邦，汉朝开创者。

11 **孝平：**西汉末期汉平帝刘衎，谥号孝平皇帝。

12 **光武：**光武帝刘秀，东汉王朝开创者。

13 **献：**东汉末代皇帝汉献帝刘协，谥号孝献皇帝。

原文

魏蜀吴，争汉鼎[1]，号三国，迄两晋。宋齐继，梁陈承，为南朝[2]，都金陵[3]。北元魏[4]，分东西，宇文周，与高齐。迨至隋，一土宇[5]，不再传，失统绪[6]。唐高祖，起义师，除隋乱，创国

译文

魏蜀吴相互争夺汉朝天下，由此形成三国鼎立的局面，一直到西晋和东晋。晋朝之后是宋齐梁陈，这就是南朝，它们的首都都在金陵。当时在北方又有元魏政权，后来分为东魏和西魏，西魏为宇文觉的北周政权取而代之，东魏则为高洋的北齐所灭。到了隋朝，天下再次统一，隋朝只传了一代，很快就失去了帝王世系。唐高祖兴起义师，结束了

基。二十传,三百载,梁灭之,国乃改。梁唐晋,及汉周,称五代[7],皆有由。

隋末乱世局面,创建了唐王朝。唐朝传二十代,历经三百年,后来灭于后梁,国家也改朝换代了。后梁、后唐、后晋、后汉、后周五代相继更替,都各有缘由。

注释

1 **鼎:**比喻王位、帝业。春秋时,楚庄王北伐,陈兵于洛水,向周王室炫耀武力,并询问周王室劳师之臣周朝传国之宝九鼎的大小轻重。楚庄王问鼎,有取而代周之意。

2 **南朝:**宋齐梁陈四个朝代(420—589)的合称,因其政权均建都于金陵(今南京)而得名。与此相应,北魏(后分裂为东魏和西魏)、北齐、北周先后在我国北方建立政权,故合称北朝(386—581)。南朝与北朝又合称为南北朝。

3 **金陵:**南京的古称。

4 **元魏:**公元386年,拓跋珪建代国,后改国号为魏,史称北魏;公元471年,魏孝文帝实施汉化,将原姓氏拓跋氏改为元氏,故称元魏。

5 **一土宇:**统一天下。

6 **统绪:**帝王世系。

7 **五代:**即后梁、后唐、后晋、后汉、后周。

原文

炎宋[1]兴,受周禅,十八传,南北混。辽与金,帝号纷,迨灭辽,宋犹存。至元兴,金绪歇,有宋世,一同灭。莅[2]中国,兼戎狄[3],九十载,国祚[4]废。明太祖,

译文

炎宋兴起,是接受了后周的禅让,传了十八代,分北宋、南宋两个时期。后来辽、金两国,纷纷称帝,金灭辽时,宋朝还存在。到元朝兴起,金统治结束,南宋也被一起消灭。蒙古军队进入中原,同时兼并了四周一些地区,元朝统治了九十年,国家就灭亡了。明太祖长期亲自率兵在外作战,他后来传位于

久亲师[5]，传建文，方四祀[6]。迁北京，永乐嗣[7]，追崇祯，煤山[8]逝。廿二史，全在兹[9]，载治乱，知兴衰。

建文帝，建文帝只坐了四年皇位。迁都北京后，永乐帝继承王位，明朝延续到崇祯帝自杀于煤山，就灭亡了。至此，二十二史全在这里，它记载了历代治乱，让人知晓兴衰道理。

注释

1 **炎宋：**公元960年，后周大将赵匡胤发动陈桥兵变，攫取了后周政权，建立宋朝。依五德始终说，宋朝为火德，故称“炎宋”。

2 **莅：**到。

3 **戎狄：**我国古代称东方的民族为夷，称西方的民族为戎，称南方的民族为蛮，称北方的民族为狄。戎狄在这里泛指外族。

4 **祚：**君位。

5 **亲师：**亲自督师。

6 **祀：**年。

7 **嗣：**接续，继承。

8 **煤山：**即今北京景山公园。明代兴建紫禁城时，曾在此堆放煤炭，故有“煤山”俗称。明末李自成率农民起义军攻入北京，崇祯皇帝走投无路，自缢于煤山。

9 **兹：**这里。

链接

二十四史：二十四部纪传体史书的总称。包括《史记》《汉书》《后汉书》《三国志》《晋书》《宋书》《南齐书》《梁书》《陈书》《魏书》《北齐书》《周书》《隋书》《南史》《北史》《旧唐书》《新唐书》《旧五代史》《新五代史》《宋史》《辽史》《金史》《元史》《明史》。二十四史的名称始于清乾隆年间，时《明史》定稿，诏刊二十二史；又诏增《旧唐书》，并从《永乐大典》等书中辑出《旧五代史》，合称二十四史，其后遂成为习称。

导读

深入历史了解过去，跳出历史把握现在；书山有路，学海无涯。因此人要活到老，学到老。此节重点讲述读书学习对于儿童的重要性。作者引用多个历史故事，其中不论圣贤高官，不论家贫家富，不论年长年幼，他们都学习不辍，说明读书学习主要靠自觉，环境不是决定性因素。只要立志读书，努力学习，不论男女老幼，不论尊卑贫富，都能有所成就。

原文

读史者，考[1]实录，通古今，若亲目[2]。口而诵[3]，心而惟[4]，朝于斯，夕于斯。昔仲尼[5]，师项橐[6]，古圣贤，尚勤学。赵中令[7]，读鲁论，彼既仕[8]，学且勤。披蒲编[9]，削竹简[10]，彼无书，且知勉[11]。

译文

研读历史，要考究君臣实录，通晓古今变化，好像亲眼目睹一般。口中朗诵，心里思考，不论白天还是晚上，都应如此。从前孔子曾拜七岁的项橐为师，古代的圣贤尚且如此勤学好问。赵普官至中书令，不时研读《论语》，他已经做了高官，仍然勤奋学习。路温舒用蒲编抄录《尚书》，公孙弘用竹简抄录《春秋》，他们都没有书，却知道要努力。

注释

1 **考：**考证，考究。

2 **亲目：**亲眼目睹。

3 **诵：**朗读。

4 **惟：**思维，思考。

5 **仲尼：**孔子名丘，字仲尼。

6 **项橐：**春秋时期鲁国人。传说有一天，孔子率弟子驾车外出，路遇七岁的项橐在玩筑城墙游戏，见车过来，也不避让。孔子下车询问，项橐回答说，只有车绕城的道理，没有城避车的理由。孔子进一步与其交谈，项橐对答如流，孔子不由大为佩服。

7 **赵中令：**北宋大臣赵普。赵普辅佐赵匡胤取得天下，宋太宗时官至中书令。

8 **仕：**做官。

9 **蒲编：**用蒲草编织的席子。西汉人路温舒家境贫寒，但仍刻苦读书，传说他在湖边牧羊时，取蒲草编席，然后把借来的《尚书》抄在席子上阅读。

10 **竹简：**用来写字的薄竹片。西汉人公孙弘，传说帮人家放猪于竹林中，他将竹子削成薄片，将《春秋》抄录在竹片上阅读。

11 **勉：**努力。

原文

头悬梁[1]，锥刺股[2]，彼不教，自勤苦。如囊萤[3]，如映雪[4]，家虽贫，学不辍[5]。如负薪[6]，如挂角[7]，身虽劳，犹苦卓[8]。

译文

孙敬读书发悬房梁，苏秦读书锥刺大腿，他们虽然没有老师教诲，却能自觉勤奋刻苦。车胤读书用萤火虫作灯，孙康读书以雪的反光照明，他们虽然家境贫寒，却从不停止学习。朱买臣背着柴火不停读书，李密放牛不忘读书，他们虽然身体辛劳，苦读的精神却超过了常人。

注释

1 **头悬梁：**东汉人孙敬勤奋读书，常至深夜，因怕自己打瞌睡，便把自己的头发系于梁上。

2 **锥刺股：**锥，锥子。股，大腿。战国时人苏秦出外谋官未成，回家后遭亲友白眼，于是发愤读书，每当疲倦时，便用锥子刺自己的大腿以自警。

3 **囊萤：**东晋人车胤，家贫，夜读时没有点灯的油，传说他捉来萤火虫放进一只薄纱袋中以照明。

4 **映雪：**东晋人孙康，家贫，夜晚读书无油灯，于是到户外借助雪的反光以照明。

5 **辍：**中止，停止。

6 **负薪：**负，背负。薪，柴火。西汉人朱买臣，年轻时靠打柴为生，即便如此，仍常背着柴火，边走边读书。

7 **挂角:**隋朝李密,幼时贫贱,但勤学不辍,替人放牛,曾坐在牛背上,把书挂在牛角上阅读。

8 **卓:**卓越。

原文

苏老泉[1],二十七,始发愤,读书籍。彼既老,犹悔迟,尔小生,宜早思。若[2]梁灏[3],八十二,对大廷[4],魁[5]多士。彼既成,众称异,尔小生,宜立志。莹[6]八岁,能咏《诗》,泌[7]七岁,能赋棋。彼颖悟[8],人称奇,尔幼学,当效[9]之。

译文

苏老泉二十七岁才发愤读书。他年老的时候,还在后悔用功太迟,你们这些小孩子,应当早早想到读书。梁灏八十二岁参加廷试,在众多士人中一举夺魁。他获得了成功,大家都称赞其特别,你们这些小孩子,应当早早立志。祖莹八岁,就能诵读《诗经》,李泌七岁,便能赋棋。他们聪明敏捷,大家都称赞其奇特,你们年幼求学,应当好好仿效他们。

注释

1 **苏老泉:**苏洵,字明允,号老泉,苏轼、苏辙的父亲。宋代著名文学家,"唐宋八大家"之一。苏洵年轻时不读书,二十七岁时才开始发愤。

2 **若:**如,像。

3 **梁灏:**北宋人,字太素,廷试甲科,以翰林学士知开封府,暴疾卒,年四十二岁。所谓梁灏八十二岁中状元事,系误传。

4 **大廷:**指廷试。

5 **魁:**为首,居第一位。

6 **莹:**指北魏人祖莹,传说他八岁就能诵读《诗经》。

7 **泌:**指唐朝李泌,传说他七岁时应唐玄宗之命赋棋云:"方若行义,圆若用智,动若骋材,静若得意。"唐玄宗深感惊异,当即给予赏赐,后李泌历仕四朝,封邺县侯,世称李邺侯。

8 **颖悟:**聪明敏捷。

9 **效:**效仿。

原文

蔡文姬[1],能辨琴,谢道韫[2],能咏吟。彼女子,且聪敏,尔男子,当自警。唐刘晏[3],方七岁,举神童,作正字。彼虽幼,身已仕,尔幼学,勉[4]而致[5],有为者,亦若是。

译文

蔡文姬能辨琴音,谢道韫能吟诗词。这些女子,尚且如此聪明,你们这些男儿,更当自警。唐朝刘晏才七岁,就考中神童科,做了正字的官员。他虽年幼,却做了官,你们年幼求学,应当勉励自己努力做到,想要有所作为的人,都应该这样。

注释

1 **蔡文姬:**东汉末女诗人,名琰,字文姬,著名文学家蔡邕的女儿。传说她有很高的音乐造诣,能辨别琴音。董卓专权,蔡邕忧国忧民,操琴时,文姬听出其中忧虑之声,知道危难将至。后蔡邕果然为董卓所害。

2 **谢道韫:**东晋宰相谢安侄女,以文才著称,嫁王羲之的儿子王凝之为妻。传说有一次,天降大雪,谢安问在场子侄:"何所似也?"一侄儿随口吟道:"撒盐空中差可拟。"谢道韫接道:"未若柳絮因风起。"此句为时人所称道,世称咏絮才。

3 **刘晏:**唐代曹州人,幼年饱学,七岁考中神童科,被唐玄宗任命为太子正字,后历仕四朝,官至吏部尚书、同平章事。

4 **勉:**勉力,尽力。

5 **致:**达到,做到。

链接

宰相读书:赵普为赵匡胤登上皇帝宝座以及稳固政权,立下了汗马功劳。但他本人读书不多,有时闹出笑话来。宋太祖改年号要找前代没用过的,后定为乾德,赵普连声说好。几年后,有人告诉太祖,说这年号前蜀用过，太祖一听，大吃一惊，派人去查，果然如此。太祖很生气，用毛笔在赵普脸上涂了几下，说："宰相还是要用读书人啊！"赵普从此以后发愤读书。一次，宋太宗去赵普家，见他正在读《论语》，于是问他为何这般精心研读，赵普回答说："齐家治国平天下的道理，都在《论语》中啊！"

导读

天生万物，各司其职，名专其能。动物获得本领依靠自己的本能，人获得本领则须依靠自己后天的努力。古人要出人头地，成就一番事业，基本路径就是：读书—科举—做官。在这条成长链中，读书是基础，是起点，是根本。儿女贤能，不留金银财宝，他们也能拥有财富；儿女不贤，留再多金银财宝也会坐吃山空。作者能有这样的认识，实属不易。通篇读来，作者不厌其烦地劝导儿童读书，可谓用心良苦。不管作者主观意图如何，读书毕竟可以让人受益终生。因此，关于读书的忠告和劝勉就显得十分可贵了。

原文

犬守夜，鸡司[1]晨，苟[2]不学，曷[3]为人。蚕吐丝，蜂酿蜜，人不学，不如物。幼而学，壮而行，上致君[4]，下泽[5]民。扬名声，显父母，光于前，裕[6]于后。人遗子，金满籝[7]，我教子，唯一经。勤有功，戏[8]无益，戒[9]之哉，宜勉力。

译文

狗可以守夜，鸡可以报晓，人如果不学习，又怎么为人呢？蚕会吐丝，蜂会酿蜜，人如果不学习，连动物都不如。小时候发愤学习，成人后成就事业，上可以辅佐国君，下可以泽被百姓。既扬名于世，又显耀父母，光宗耀祖，造福子孙。人家留给儿女的，可能是满箱满箱的金银财宝，我教导子女，仅仅是一部经书。勤勉可以成功，嬉戏毫无益处，以此为戒啊！一定要好生努力。

注释

1 **司**:管理,掌握。

2 **苟**:假如,如果。

3 **曷**:怎么。

4 **致君**:辅佐国君。

5 **泽**:恩泽,泽被。

6 **裕**:富足。

7 **籝**(yíng):箱笼一类的器具。

8 **戏**:嬉戏,玩乐。

9 **戒**:警戒,防备。

链接

皇甫谧发愤:皇甫谧,晋朝人,少时不愿读书,游手好闲,不务正业,但他对母亲十分孝顺。眼看二十岁了,皇甫谧还是那副样子,母亲着急了,把他叫到身边说:"你对为娘的孝顺,为娘非常清楚。但你要真正孝顺我,就不能再这样子下去了,而要发愤图强,争取有所长进,有所出息。"皇甫谧听从了母亲的话,开始认真学习,后来成为晋朝有名的学者。

百家姓

南宋著名爱国诗人陆游写有《秋日郊居》诗三首，其第三首道：

儿童冬学闹比邻，据案愚儒却自珍。

授罢村书闭门睡，终年不著面看人。

诗人在下边自注：农家十月，乃遣子弟入学，谓之冬学。所读《杂字》《百家姓》之类，谓之村书。

可见在宋代，《百家姓》这本小书，即已作为启蒙识字课本，在农村广泛流行。明代理学家吕坤在其《社学要略》中说，初入社会，八岁以下者，先读《三字经》以习见闻，《百家姓》以便日用，《千字文》亦有义理。在当时，“三、百、千”作为幼童必读之书，读《百家姓》为便日用，大概是通过识字熟悉姓氏，便于日常乡党应酬。

民国时期，“三、百、千”仍然发行量很大，1924年1月3日，著名教育家陶行知给朱经农的信中说，中国现在销行最多的书是什么？就我所观察还是《三字经》《千字文》《百家姓》《大学》《中庸》《论语》《孟子》这一类的书；我时常想这些书如何还是这样畅销，得了两个缘故：一是长久的历史，二是普遍的分销。

以“赵钱孙李”开头的通行本《百家姓》，全书加文末“百家姓终”4字，共472字，全是姓氏的罗列，彼此之间没有什么必然联系，然而它却从宋代流传到民国，经历900多年，直到现在也还有着顽强的生命力，其原因大概是由于字数少，文字通俗浅近，易于接受。全书著录姓氏438个，其中单姓408个，复姓30个，虽与我国实有姓氏相比，相差很远，而且遗漏了不少常见姓氏，如我国常见的复姓有170余个，而书中只列了30个，仅占 1/6 强;但总的来说,书中所列,绝大部分是常见的姓氏,涵盖了姓氏的绝大多数,这就易于为大多数人所接受。此外书中虽是姓氏罗列,但上两句的最后一字与下两句的最后一字大都协韵,如“周吴郑王”“蒋沈韩杨”“何吕施张”等,念起来音韵和谐,容易上口,便于记忆,可以帮助儿童识字。旧时一些人主张训蒙首在识字,如清代王筠就主张“蒙养之时,识字为先,不必遽读书”,“能识二千字,乃可读书”。只为识字,无须考虑句子表达了什么意思,这些也许都是《百家姓》所以能广泛流传的原因。

《百家姓》未署作者姓名,据宋人王明清的《玉照新志》卷三载:市井间所印《百家姓》,明清尝考之,似是两浙钱氏有国时小民所著。何则?其首云“赵钱孙李”,盖钱氏奉正朔,赵乃本朝国姓,所以钱次之。一般人都认为《百家姓》为北宋初年的人所编。清初人王相加以笺注,称为《百家姓考略》,对书中大多数姓氏的来源、郡望及其代表人物,作了一些考证和简要介绍,补充了一些原书中没有的姓氏,对读者了解姓氏来源和演变有所帮助。

如同《千字文》和《三字经》一样,《百家姓》也有过不少改编本。明洪武年间有吴沉、刘仲质编的《皇明千家姓》,以“朱奉天运,富有万方”开头,共收 1968 个姓,计 2168 字,比通行本《百家姓》的 472 字多 1600 多字,相当于旧本四本半还多 44 个字,严格说来,这只是借助于《百家姓》这种形式的另一种姓氏汇编。到明末又有黄周星编的《百家姓新笺》,也是 472 字,却成句成文,如开头几句:“尚慕隆古,胥仰盛王。万方弘赖,怀葛虞唐。”已有文义,这是颇费了一番编排功夫的。到清代又有以康熙名义编的《御制百家姓》和咸丰时丁晏编的《百家姓三编》。因"爱新觉罗"不便放在书的开头，前者以"孔师阙党，孟席齐梁"开头，继以孔门弟子之姓，如"冉季宗政，游夏文章"等；后者以"咸丰万寿"开头，"首以颂起，尊皇朝也"，接着加了大量谀颂之辞，如"国家全盛，胡越向方"之类，它还尽可能做到成句成文，如"陈平阚项，邓禹扶刘。袁晁何訾，逢羿奚仇"，尽管不无勉强之处，也颇不容易。作者的原意是想"里塾儒师，童蒙冬学，播而传之"。尽管《皇明千家姓》《御制百家姓》冠有"皇明""御制"的头衔，曾一度用封建政权的力量推行，流行了一阵子，《百家姓三编》也有其独到之处，但平民百姓不管它们有什么头衔，仍习惯用"赵钱孙李"开头的旧本作为启蒙识字课本。旧本《百家姓》不但在汉民族中流行，甚至还有《蒙古字母百家姓》和《女真字母百家姓》，流传于兄弟民族中，其影响之大，远在各种改编本之上。

《百家姓》作为儿童启蒙识字课本，仍有值得研究借鉴的地方，可供文化史、教育史和教材教法研究者参考，也可供读者了解姓氏起源及其名人。王践先生诠释的这本《百家姓》，除主要采用清初人王相笺注的《百家姓考略》的内容外，其诠释在吸取各家之长的基础上，独出心裁，在各姓氏后附上了本姓名人名句或本姓名人故事，为本书别开生面，大大提升了本书的阅读欣赏价值，特在此一并说明。

喻岳衡

赵

郡望

天水郡。

起源

赵姓祖先为帝舜时的伯益，伯益九世孙造父系周穆王的驾车大夫，因军功而封于赵城。造父子孙以先祖封地名为姓。

名人

战国时期赵国名将赵奢，三国时期蜀汉名将赵云，宋太祖赵匡胤，唐朝诗人赵嘏，南宋诗人赵师秀，元朝书画家赵孟頫，清朝史学家赵翼，学者赵藩，诗人赵执信，现代革命烈士赵博生，当代战斗英雄赵宝桐，文学家赵树理，佛学家、书法家赵朴初，语言学家赵元任，女翻译家赵萝蕤，历史学家赵纪彬，电影表演艺术家赵丹，京剧表演艺术家赵燕侠，评剧表演艺术家赵丽蓉。

名句

独上江楼思渺然，月光如水水如天。同来望月人何处？风景依稀似去年。（赵嘏《江楼感旧》）

朝来行药向秋池，池上秋深病不知。一树木犀供夜雨，清香移在菊花枝。（赵师秀《池上》）

李杜诗篇万古传，至今已觉不新鲜。江山代有才人出，各领风骚数百年。（赵翼《论诗》）

能攻心则反侧自消，从古知兵非好战。不审势即宽严皆误，后来治蜀要深思。（赵藩题成都武侯祠诸葛亮殿联）

我死国生，我死犹荣，身虽死精神长生，成功成仁，实现大同。（赵博生）

钱

郡望

彭城郡。

起源

传说彭祖的裔孙孚曾任周朝的钱府上士，其后人以先祖官职名为姓。

名人

唐朝诗人钱起，五代吴越国王钱镠，宋朝医学家钱乙，画家钱仁熙，良吏钱可则，明末清初学者钱谦益，清朝书画家钱元章，学者钱大昕，书画家、诗人钱泳，当代学者钱锺书，书画篆刻家钱君匋，画家钱松嵒，核物理学家钱三强，力学家钱伟长，经济学家钱俊瑞，科学家钱学森。

名句

咫尺愁风雨，匡庐不可登。只疑云雾窟，犹有六朝僧。（钱起《江行无题》）

明日复明日，明日何其多。我生待明日，万事成蹉跎。世人若被明日累，春去秋来老将至。朝看水东流，暮看日西坠。百年明日能几何，请君听我明日歌。（钱福《明日歌》）

孙

郡望

乐安郡。

起源

周文王第九子卫康叔的八世孙卫武公生惠孙，惠孙的孙子为纪念祖父，即以祖父的字为姓。

名人

春秋时期军事家孙武，唐朝医学家孙思邈，诗人孙逖，近代民主革命家孙中山，当代经济学家孙冶方，翻译家孙大雨、孙用，作家孙伏园、孙犁，中国人民志愿军烈士孙占元。

名句

香阁东山下，烟花象外幽。悬灯千嶂夕，卷幔五湖秋。画壁余鸿雁，纱窗宿斗牛。更疑天路近，梦与白云游。（孙逖《宿云门寺阁》）

世界潮流，浩浩荡荡；顺之者昌，逆之者亡。（孙中山）

李

郡望

陇西郡。

起源

传说尧帝时代皋陶后裔理徵因得罪商纣王而被杀，其妻儿在逃亡过程中一度靠食李子果腹，因不敢暴露自己的原姓“理”，又感于李子的救命之恩，遂改其姓“理”为“李”。

名人

春秋时期思想家李耳（老子），西汉音乐家李延年，唐太宗李世民，唐朝诗人李白、李益、李贺、李商隐，五代南唐后主、词人李煜，宋朝女词人李清照，明朝思想家李贽，医药学家李时珍，清朝文学家李调元，戏曲理论家李渔，现代无产阶级革命家李大钊，地质学家李四光，文学家李芾甘（巴金），国画大师李苦禅、李可染。

名句

不自见，故明；不自是，故彰；不自伐，故有功；不自矜，故长。（李耳）

以铜为镜，可以正衣冠；以古为镜，可以知兴替；以人为镜，可以明得失。（李世民）

明月出天山，苍茫云海间。长风几万里，吹度玉门关。汉下白登道，胡窥青海湾。由来征战地，不见有人还。戍客望边邑，思归多苦颜。高楼当此夜，叹息未应闲。（李白《关山月》）

黑云压城城欲摧，甲光向日金鳞开。角声满天秋色里，塞上燕脂凝夜紫。半卷红旗临易水，霜重鼓寒声不起。报君黄金台上意，提携玉龙为君死！（李贺《雁门太守行》）

君问归期未有期，巴山夜雨涨秋池。何当共剪西窗烛，却话巴山夜雨时。（李商隐《夜雨寄北》）

春花秋月何时了，往事知多少？小楼昨夜又东风，故国不堪回首月明中。　雕栏玉砌今犹在，只是朱颜改。问君能有几多愁，恰似一江春水向东流。（李煜《虞美人》）

薄雾浓云愁永昼，瑞脑消金兽。佳节又重阳，玉枕纱厨，半夜凉初透。　东篱把酒黄昏后，有暗香盈袖。莫道不销魂，帘卷西风，人比黄花瘦。（李清照《醉花阴》）

周

郡望

汝南郡。

起源

传说帝喾之子后稷的后人定居于周，形成周部落，到周文王时，族人以国为姓。

名人

三国时期吴国将领周瑜，宋朝词人周邦彦，理学家周敦颐，元朝诗人周德清，近代文学家、思想家周树人（鲁迅），当代无产阶级革命家周恩来，中国人民解放军上将周士第，历史学家周予同，历史学家、教育家周谷城，物理学家周培源，理论物理学家周光召，作家周而复、周立波，文学翻译家周煦良，京剧表演艺术家周信芳，电影表演艺术家周璇。

名句

秋阴时晴渐向暝，变一庭凄冷。伫听寒声，云深无雁影。　更深人去寂静，但照壁，孤灯相映。酒已都醒，如何消夜永？（周邦彦《关河令》）

长江万里白如练，淮山数点青如淀，江帆几片疾如箭，山泉千尺飞如电。晚云都变露，新月初学扇，塞鸿一字来如线。（周德清《塞鸿秋》）

希望是附丽于存在的，有存在，便有希望，有希望，便是光明。（周树人）

大江歌罢掉头东，邃密群科济世穷。面壁十年图破壁，难酬蹈海亦英雄。（周恩来）

吴

郡望

延陵郡。

起源

相传周太王的儿子泰伯建吴国，其后裔吴王夫差为越王勾践所败，逃亡异国他乡的吴国人为表示对故国怀念之情，以国为姓。

名人

战国军事家吴起，唐朝诗人吴融，画家吴道子，宋朝词人吴文英、吴激，明朝小说家吴承恩，明末清初诗人吴伟业，清朝诗人吴嘉纪，小说家吴敬梓，现代中国“保尔”、劳动模范吴运铎，革命家、教育家吴玉章，学者吴宓，历史学家吴晗，物理学家吴有训、吴大猷，工程热物理学家吴仲华，古人类学家吴汝康，社会学家吴文藻，作家吴强，剧作家吴祖光，画家、美术教育家吴作人，油画家吴冠中。

名句

举国繁华委逝川，羽毛飘荡一年年。他山叫处花成血，旧苑春来草似烟。雨暗不离浓绿树，月斜长吊欲明天。湘江日暮声凄切，愁杀行人归去船。(吴融《子规》)

门隔花深旧梦游，夕阳无语燕归愁，玉纤香动小帘钩。　落絮无声春堕泪，行云有影月含羞，东风临夜冷如秋。(吴文英《浣溪沙》)

恸哭六军俱缟素，冲冠一怒为红颜。(吴伟业《圆圆曲》)

不参加变革社会的斗争，理想永远是一种幻影。(吴运铎)

理想必须要人们去实现它。这就不但需要决心和勇敢，而且需要知识。(吴玉章)

郑

郡望

荥阳郡。

起源

周宣王封幼弟姬友于郑，姬友建立郑国，其后人以国为姓。

名人

唐朝诗人郑谷，明朝航海家郑和，明末民族英雄郑成功，清朝书画家郑板桥，维新思想家郑观应，现代文学史家、考古学家郑振铎，著名音乐家郑律成，电影导演郑君里。

名句

扬子江头杨柳春，杨花愁杀渡江人。数声风笛离亭晚，君向潇湘我向秦。（郑谷《淮上与友人别》）

学问二字，须要拆开看。学是学，问是问。今人有学而无问，虽读书万卷，只是一条钝汉尔。（郑板桥）

人必日用脑筋，以增其力，如读书运思等事，则能免病。（郑观应）

我们相信光明必定会到来，我们迎上去，我们向着它走去。（郑振铎）

王

郡望

太原郡。

起源

王姓大多出自王族。传说周灵王儿子姬晋，因犯颜直谏遭贬，因其王族出身，后人称其为“王家”，子孙便以王为姓。

名人

东汉哲学家王充，晋朝书法家王羲之，唐朝文学家王勃，诗人王之涣、王昌龄、王维、王翰、王建，北宋政治家、思想家、文学家王安石，元朝戏曲家王实甫，画家王冕，明末清初哲学家王守仁，思想家王夫之，清末学者王闿运，当代有无产阶级革命家王稼祥，语言学家王力，核物理学家王淦昌，应用光学家王大珩，经济学家王亚南，历史学家王仲荦，作家王蒙，作曲家王洛宾，电影表演艺术家王丹凤，革命烈士王杰，劳动模范王进喜。

名句

云销雨霁，彩彻区明，落霞与孤鹜齐飞，秋水共长天一色。渔舟唱晚，响穷彭蠡之滨；雁阵惊寒，声断衡阳之浦。（王勃《滕王阁序》）

白日依山尽，黄河入海流。欲穷千里目，更上一层楼。（王之涣《登鹳雀楼》）

青海长云暗雪山，孤城遥望玉门关。黄沙百战穿金甲，不破楼兰终不还。（王昌龄《从军行》）

渭城朝雨浥轻尘，客舍青青柳色新。劝君更进一杯酒，西出阳关无故人。（王维《送元二使安西》）

葡萄美酒夜光杯，欲饮琵琶马上催。醉卧沙场君莫笑，古来征战几人回。（王翰《凉州词》）

所谓文者，务为有补于世而已矣；所谓辞者，犹器之有刻镂绘画也。（王安石）

凡学之不勤，必其志之尚未笃也。（王守仁）

知之尽，则实践之而已。实践之，乃心所素知，行焉皆顺，故乐莫大焉。（王夫之）

冯

郡望

始平郡。

起源

周文王第十五子毕公高的后人受封于冯，其后人以封地为姓。

名人

五代南唐词人冯延巳，明朝文学家冯梦龙，清末爱国将领冯子材，近代飞机设计师冯如，民国爱国将领冯玉祥，现当代作家冯雪峰、冯德英、冯骥才，诗人、翻译家冯至，文学史家冯沅君，文学评论家冯牧，哲学家冯友兰。

名句

几日行云何处去？忘却归来，不道春将暮。百草千花寒食路，香车系在谁家树？　泪眼倚楼频独语，双燕来时，陌上相逢否？撩乱春愁如柳絮，悠悠梦里无寻处。（冯延巳《鹊踏枝》）

人的美丽可爱，不仅仅是由于他的容貌，首先决定于他的精神面貌。一个品质高尚的人，永远是年轻和美丽的。（冯雪峰）

陈

郡望

颍川郡。

起源

舜帝后代胡公满被周武王封于陈，其子孙以封地名为姓。

名人

秦末农民起义军领袖陈胜，西汉丞相陈平，东汉名臣陈蕃，文学家陈琳，西晋史学家陈寿，唐朝文学家陈子昂，诗人陈羽、陈陶，北宋诗人陈师道，南宋思想家、文学家陈亮，诗人陈与义，近代革命志士陈天华，现代中共创始人之一陈独秀，当代无产阶级革命家、军事家陈毅，历史学家陈寅恪、陈垣，爱国华侨领袖陈嘉庚。

名句

前不见古人，后不见来者。念天地之悠悠，独怆然而涕下。（陈子昂《登幽州台歌》）

海畔风吹冻泥裂，枯桐叶落枝梢折。横笛闻声不见人，红旗直上天山雪。（陈羽《从军行》）

志士嗟日短，愁人知夜长。（陈毅）

褚 (Chǔ)

郡望

河南郡。

起源

商朝王族后裔食采于褚邑，子孙以采邑名为姓。

名人

西汉史学家褚少孙，南朝梁诗人褚沄，唐朝名臣、书法家褚遂良，当代物理学家褚圣麟，劳动模范褚天洪。

名句

饮露非表清，轻身易知足。（褚沄《赋得蝉》）

卫

郡望

河东郡。

起源

周文王第九子康叔建立卫国，其后代以卫为姓。

名人

西汉名将卫青，东汉学者卫宏，东晋书法家卫夫人。

名句

善笔力者多骨，不善笔力者多肉。（卫夫人《笔阵图》）

蒋

郡望

乐安郡。

起源

周成王时，周公姬旦的第三个儿子伯陵封于蒋，后世即以封地为姓。

名人

三国时期蜀国名臣蒋琬，唐朝文学家蒋防，宋朝书法家蒋璨，清朝翰林院编修蒋士铨，大学士蒋廷锡，词人蒋春霖，民国时期政治家蒋翊武，史学家蒋廷黻。

名句

画船游，明月路。古历亭边，面面朱栏护。百顷明湖三万户，如此良宵，一点渔灯度。　棹开时，香过处，说道周遭、荷叶青无数。却被芦花全隔住，泛遍湖湾，不见些儿露。（蒋士铨《苏幕遮·大明湖泛月》）

燕子不曾来，小院阴阴雨。一角阑干聚落花，此是春归处。　弹泪别

东风，把酒浇飞絮。化了浮萍也是愁，莫向天涯去。（蒋春霖《卜算子》）

沈

郡望

吴兴郡。

起源

周文王第十个儿子聃季载受封于沈，后人以沈为姓。

名人

南朝梁文学家沈约，唐朝诗人沈佺期，北宋科学家沈括，明代画家沈周，清朝诗人沈德潜，当代爱国民主人士沈钧儒，作家沈雁冰（茅盾）、沈从文。

名句

闻道黄龙戍，频年不解兵。可怜闺里月，长在汉家营。少妇今春意，良人昨夜情。谁能将旗鼓，一为取龙城。（沈佺期《杂诗》）

雁尽书难寄，愁多梦不成。愿随孤月影，流照伏波营。（沈如筠《闺怨》）

摔倒了，赶快爬起来往前走，莫欣赏摔倒的地方耽误事，莫停下来哀叹。（沈从文）

韩

郡望

南阳郡。

起源

周武王小儿子叔虞后裔受封于韩,其子孙以封地为姓,并建立韩国。

名人

战国思想家韩非,西汉初年军事家韩信,唐朝文学家韩愈,诗人韩翃、韩琮、韩偓,南唐文学家韩熙载,南宋名将韩世忠。

名句

严家无悍虏,而慈母有败子。(韩非)

业精于勤,荒于嬉;行成于思,毁于随。(韩愈)

春城无处不飞花,寒食东风御柳斜。日暮汉宫传蜡烛,轻烟散入五侯家。(韩翃《寒食》)

秦川如画渭如丝,去国还家一望时。公子王孙莫来好,岭花多是断肠枝。(韩琮《骆谷晚望》)

恻恻轻寒翦翦风,小梅飘雪杏花红。夜深斜搭秋千索,楼阁朦胧烟雨中。(韩偓《寒食夜》)

杨

郡望

弘农郡。

起源

周幽王封周宣王的小儿子尚父于杨,并建立杨国,尚父子孙以国为姓。

名人

战国思想家杨朱,东汉大臣、学者杨震,文学家杨修,隋朝开国皇帝杨坚，唐朝诗人杨炯、杨巨源，唐玄宗贵妃杨玉环，南宋诗人杨万里，明朝诗人杨慎，清朝历史地理学家杨守敬，现代革命烈士杨超，当代美籍华裔物理学家杨振宁，宇航员杨利伟。

名句

烽火照西京，心中自不平。牙璋辞凤阙，铁骑绕龙城。雪暗凋旗画，风多杂鼓声。宁为百夫长，胜作一书生。（杨炯《从军行》）

诗家清景在新春，绿柳才黄半未匀。若待上林花似锦，出门俱是看花人。（杨巨源《城东早春》）

以法从人，不若以人从法。以人从法，则公道行而私欲止；以法从人，则公道止而私欲行。（杨万里《论吏部恩泽之弊札子》）

满天风雪满天愁，革命何须怕断头？留得子胥豪气在，三年归报楚王仇。（杨超《就义诗》）

朱

郡望

沛郡。

起源

周武王封颛顼后裔曹挟于邾地，建立邾国，曹挟后人去掉邑旁，以“朱”为姓。

名人

西汉名臣朱买臣，唐朝诗人朱庆馀，北宋女词人朱淑贞，南宋哲学家朱熹，明朝开国皇帝朱元璋，清朝画家朱耷，文学家朱彝尊，民国政治家朱执信，现代学者朱自清，诗人朱湘，当代无产阶级革命家、军事家、原全国人大常委会委员长朱德，美学家朱光潜。

名句

洞房昨夜停红烛，待晓堂前拜舅姑。妆罢低声问夫婿：画眉深浅入时无？（朱庆馀《闺意献张水部》）

无一事而不学，无一时而不学，无一处而不学。（朱熹）

泪眼注，临当去，此时欲住已难住。下楼复上楼，楼头风吹雨。风吹雨，草草离人语。（朱彝尊《一叶落》）

消遣就是娱乐，无可消遣当然就是苦闷。世间喜欢消遣的人，无论他们的嗜好如何不同，都有一个共同点，就是他们必都有强壮的生命力。（朱光潜）

秦

郡望

天水郡。

起源

帝舜时期伯益后代嬴非子，为周孝王驯养良马有功，被封于秦，其子孙建立秦国。秦国灭亡后，后人以国为姓。

名人

战国医生秦越人（扁鹊），东汉诗人秦嘉，唐朝诗人秦韬玉，北宋词人秦观，南宋数学家秦九韶，当代散文家秦牧。

名句

苦恨年年压金线，为他人作嫁衣裳！（秦韬玉）

纤云弄巧，飞星传恨，银汉迢迢暗度。金风玉露一相逢，便胜却人间无数。　柔情似水，佳期如梦，忍顾鹊桥归路。两情若是久长时，又岂在朝朝暮暮？（秦观《鹊桥仙》）

只有在认识透彻的时候，才能够说出清晰、有力的语言；只有在感情激越的时候，才能够说出新鲜、感人的语言。（秦牧）

尤

郡望

吴兴郡。

起源

五代时，王审知在福建自立为闽王，当地沈姓为避讳王审知的“审”字，而改姓尤。

名人

南宋诗人尤袤，清初文学家尤侗，医生尤怡。

名句

欲绘饥民图，献之上帝所，大发万千仓，散为天下雨。（尤侗《散米谣》）

许

郡望

高阳郡。

起源

周武王封炎帝后裔文叔于许，建立许国。战国时，许国为楚所灭，其后人以国为姓。

名人

战国时农学家许行，东汉文字学家许慎，三国时期魏国评论家许劭，唐朝诗人许浑，南宋医学家许叔微，元初理学家许衡，清朝诗人许虬。

名句

劳歌一曲解行舟，红叶青山水急流。日暮酒醒人已远，满天风雨下西楼。（许浑《谢亭送别》）

居辽四十年，生儿十岁许，偶听故乡音，问爷此何语。（许虬《折杨柳歌》）

何

郡望

庐江郡。

起源

战国时期，秦灭韩国后，一部分韩国王室子孙逃亡到安徽淮河流域一带，当地“韩”“何”同音，为避祸，这些王室子孙将“韩”姓改为“何”姓。

名人

东汉经学家何休，三国时期玄学家何晏，南朝宋科学家何承天，梁文学家何逊，明朝学者何景明，清朝书法家何绍基，现代革命烈士何叔衡，当代学者何其芳。

名句

有之为有，恃无以生。事而为事，由无以成。（何晏）

客心已百念，孤游重千里。江暗雨欲来，浪白风初起。（何逊《相送》）

身上征衣杂酒痕，远游无处不消魂。此生合是忘家客，风雨登轮出国门。（何叔衡）

凡是有生活的地方，就有快乐和宝藏。（何其芳）

吕

郡望

河东郡。

起源

神农后代太岳被大禹视为“心吕之臣”（“吕”是脊梁骨的意思，“心吕”比喻亲信或骨干），封其为吕侯，子孙便以吕为姓。

名人

商末周初政治家吕尚（姜太公），战国政治家吕不韦，三国时吴国名将吕蒙，西晋文字学家吕忱，唐朝哲学家吕才，宋朝诗人吕本中，哲学家吕祖谦，明朝学者吕坤，画家吕纪，近代女词人吕碧城。

名句

当理不避其难，视死如归。（吕不韦）

风雨潇潇似晚秋，鸦归门掩伴僧幽。云深不见千岩秀，水涨初闻万壑流。钟唤梦回空怅望，人传书至竟沉浮。面如田字非吾相，莫羡班超封列侯。（吕本中《柳州开元寺夏雨》）

人不自爱，则无所不为；过于自爱，则一无所为。（吕坤）

施

郡望

吴兴郡。

起源

春秋时期鲁惠公的儿子名尾，字施父，曾任鲁国大夫，其后人孝叔开始以施为姓。

名人

西汉学者施雠，唐朝诗人施肩吾，元朝文学家施耐庵，清朝学者施闰章，水师提督施琅，民国名医施今墨，现代革命烈士施洋。

名句

手爇寒灯向影频，回文机上暗生尘。自家夫婿无消息，却恨桥头卖卜人。（施肩吾《望夫词》）

路回临石岸，树老出墙根。野水合诸涧，桃花成一村。呼鸡过篱栅，行酒尽儿孙。老矣吾将隐，前峰恰对门。（施闰章《过湖北山家》）

张

郡望

清河郡。

起源

黄帝孙子姬挥发明弓箭，被封为弓正，后又取“弓长”之意，“弓”“长”

两字合一，便产生了张姓。

名人

战国时期纵横家张仪，西汉名臣张良，外交家张骞，东汉科学家、文学家张衡，医学家张仲景，农民起义军领袖张角，三国时期蜀国名将张飞，晋朝文学家张载，南朝画家张僧繇，唐朝诗人张若虚、张说、张敬忠、张九龄、张谓、张继、张籍、张仲素、张祜，书法家张旭，北宋诗人张耒，词人张先，画家张择端，南宋词人张孝祥、张炎，学者张栻，明朝政治家张居正，清朝名臣张之洞，当代无产阶级革命家张闻天，革命烈士张志新。

名句

不患位之不尊，而患德之不崇；不耻禄之不伙，而耻智之不博。（张衡）

江畔何人初见月？江月何年初照人？人生代代无穷已，江月年年只相似。不知江月待何人，但见长江送流水。（张若虚《春江花月夜》）

月落乌啼霜满天，江枫渔火对愁眠。姑苏城外寒山寺，夜半钟声到客船。（张继《枫桥夜泊》）

湘水无潮秋水阔，湘中月落行人发。送人发，送人归，白蘋茫茫鹧鸪飞。（张籍《湘江曲》）

金陵津渡小山楼，一宿行人自可愁。潮落夜江斜月里，两三星火是瓜州。（张祜《题金陵渡》）

天下之事，虑之贵详，行之贵力，谋在于众，断在于独。（张居正）

如果痛苦换来的是结识真理、坚持真理，就应自觉地欣然承受；那时，也只有那时，痛苦才将化为幸福。（张志新）

孔

郡望

鲁郡。

起源

传说帝喾妻吞乙(传说中的一种鸟)卵,生下商的祖先契,赐姓“子”。后来,契的后人将“乙”“子”二字合为一体,便有了孔姓。

名人

春秋时期鲁国思想家、政治家、教育家孔丘(孔子),东汉文学家孔融,南朝齐文学家孔稚珪,唐朝经学家孔颖达,清朝剧作家孔尚任。

名句

学而时习之,不亦说乎?有朋自远方来,不亦乐乎?人不知而不愠,不亦君子乎?(孔子)

于是南岳献嘲,北陇腾笑,列壑争讥,攒峰竦诮。慨游子之我欺,悲无人以赴吊。(孔稚珪《北山移文》)

曹

郡望

谯郡。

起源

周武王封周文王第十三个儿子振铎于曹地,建曹国。曹国后来为宋国所灭,其后人以故国名为姓。

名人

三国时期政治家、文学家曹操,魏文帝曹丕,诗人曹植,唐朝诗人曹邺、曹松,清朝文学家曹雪芹。

名句

对酒当歌，人生几何？譬如朝露，去日苦多。慨当以慷，忧思难忘。何以解忧？唯有杜康。（曹操《短歌行》）

官仓老鼠大如斗，见人开仓亦不走。健儿无粮百姓饥，谁遣朝朝入君口？（曹邺《官仓鼠》）

泽国江山入战图，生民何计乐樵苏。凭君莫话封侯事，一将功成万骨枯。（曹松《己亥岁》）

世事洞明皆学问，人情练达即文章。（曹雪芹）

严

郡望

天水郡。

起源

楚庄王后人以其谥号“庄”为姓。至汉代，为避汉明帝刘庄讳，改“庄”姓为“严”姓。

名人

东汉隐士严光，唐朝诗人严武、严维，宋朝文学评论家严羽，明朝琴家严澂，清朝学者严可均，思想家、翻译家严复。

名句

昨夜秋风入汉关，朔云边月满西山。更催飞将追骄虏，莫遣沙场匹马还。（严武《军城早秋》）

丹阳郭里送行舟，一别心知两地秋。日晚江南望江北，寒鸦飞尽水悠悠。（严维《丹阳送韦参军》）

华

郡望

武陵郡。

起源

宋戴公的儿子考父封于华邑，其后代以封地名为姓。

名人

三国名医华佗，宋朝诗人华岳，当代数学家华罗庚，漫画家华君武。

名句

牛尾乌云泼浓墨，牛头风雨翻车轴。怒涛顷刻卷沙滩，十万军声吼鸣瀑。牧童家住溪西曲，侵早骑牛牧溪北。慌忙冒雨急渡溪，雨势骤晴山又绿。（华岳《骤雨》）

凡在事业上有所成就的人，无一不是利用时间的能手。时间是由秒积成的，善于利用零星时间的人，才会做出更大的成绩来。（华罗庚）

金

郡望

彭城郡。

起源

黄帝儿子少昊被称为“金天氏”，其后人以他的称号金字为姓。

名人

唐朝诗人金昌绪，元朝学者金履祥，书法家金元举，明朝诗人金銮，清朝文学批评家金圣叹，书画家金农，当代著名哲学家、逻辑学家金岳霖，著名学者金仲华，表演艺术家金山、金焰。

名句

打起黄莺儿，莫教枝上啼。啼时惊妾梦，不得到辽西。（金昌绪《春怨》）

论人当节取其长，曲谅其短；做事必先审其害，后计其利。（金缨《格言联璧·处事》）

愁轻游冶兴，老重别离情。野戍寒更尽，河桥春水生。断云疏雁影，残月乱鸡声。明发应千里，萧萧过楚城。（金銮《泊淮上》）

魏

郡望

巨鹿郡。

起源

周文王第十五个儿子毕公高的后裔毕万被封于魏，其子孙有的以封地为姓。

名人

唐朝名臣魏征，词人魏承班，北宋诗人魏野，明朝戏曲音乐家魏良辅，清朝思想家、史学家魏源。

名句

求木之长者，必固其根本；欲流之远者，必浚其泉源；思国之安者，必积

其德义。(魏徵《谏太宗十思疏》)

烟水阔,人值清明时节。雨细花零莺语切,愁肠千万结。 雁去音徽断绝,有恨欲凭谁说? 无事伤心犹不彻,春时容易别。(魏承班《谒金门》)

执古以绳今,是为诬今;执今以律古,是为诬古。(魏源《默觚·治篇》)

陶

郡望

济阳郡。

起源

传说尧帝始封于陶,后封于唐,被称为陶唐氏,其后裔有一部分以陶为姓。

名人

东晋名臣陶侃,诗人陶渊明,南朝医学家陶弘景,明朝文学家陶宗仪,现代教育家陶行知,当代无产阶级革命家陶铸。

名句

大禹圣者,乃惜寸阴,至于众人,当惜分阴,岂可逸游荒醉,生无益于时,死无闻于后,是自弃也。(陶侃)

结庐在人境,而无车马喧。问君何能尔,心远地自偏。采菊东篱下,悠然见南山。山气日夕佳,飞鸟相与还。此中有真意,欲辨已忘言。(陶渊明《饮酒》)

我有八位好朋友,肯把万事指导我。你若想问真名姓,名字不同都姓何。何事、何故、何人、何时、何地、何去、何如,好像弟弟与哥哥。还有一个西洋派,姓名颠倒叫几何。若向八贤常请教,虽是笨人不会错。(陶行知)

姜

郡望

天水郡。

起源

传说炎帝神农氏生于姜水河畔，后人以其祖先出生地为姓。

名人

商末周初政治家姜尚，三国时期蜀国名将姜维，南宋词人姜夔，明朝书画家姜立纲，清朝文学家姜宸英。

名句

淮左名都，竹西佳处，解鞍少驻初程。过春风十里，尽荠麦青青。自胡马窥江去后，废池乔木，犹厌言兵。渐黄昏，清角吹寒，都在空城。 杜郎俊赏，算而今、重到须惊。纵豆蔻词工，青楼梦好，难赋深情。二十四桥仍在，波心荡、冷月无声。念桥边红药，年年知为谁生。（姜夔《扬州慢》）

戚

郡望

东海郡。

起源

春秋时期卫国大夫孙林父因立卫殇公有功，被封于戚邑，其后人以封邑名为姓。

名人

宋朝画家戚仲，明朝民族英雄戚继光。

名句

小筑惭高枕，忧时旧有盟。呼樽来揖客，挥麈坐谈兵。云护牙签满，星含宝剑横。封侯非我意，但愿海波平。（戚继光《韬钤深处》）

谢

郡望

陈留郡。

起源

炎帝后裔申伯被周宣王封于谢地，建谢国。后来，楚灭谢，谢国后人以国名为姓。

名人

东晋名臣谢安，女诗人谢道韫，南朝文学家谢灵运，文学家谢庄，诗人谢朓，北宋学者谢良佐，清朝航海旅行家谢清高，当代无产阶级革命家谢觉哉，作家谢婉莹（冰心）、谢冰莹。

名句

绿草蔓如丝，杂树红英发。无论君不归，君归芳已歇。（谢朓《王孙游》）

善于想，善于问，善于做的人，其收效则常大而且快。（谢觉哉）

弱小的草啊，骄傲些罢，只有你普遍地装点了世界。（谢婉莹）

邹

郡望

范阳郡。

起源

周武王封颛顼后裔曹挟于邾地，建立邾国，战国时改国名为邹。后来，邹国为楚所灭，其后人以国名为姓氏。

名人

战国时期哲学家邹衍，齐国名臣邹忌，西汉散文家邹阳，明朝学者邹元标，清朝科学家邹伯奇，近代民主革命家邹容，现代政治家、出版家邹韬奋。

名句

无所不能的人实在是一无所能，无所不专的专家实在是一无所专。（邹韬奋）

喻

郡望

江夏郡。

起源

西汉苍梧太守谕猛，将自己的姓“谕”改为“喻”，其子孙便沿用下来。

名人

宋朝学者喻良能，建筑学家喻皓，明朝学者、画家喻希连，清朝诗人、湖广总督喻成龙，易学家喻国人，名医喻昌，近代民主革命烈士喻培伦。

名人故事

喻皓造开宝寺塔，看上去不正，塔向西南方向倾斜。有人问其故，喻皓的解释是，京师地势较平，没有多少山丘，常刮西北风，风吹百年后，这座塔就会正过来的。

柏

郡望

魏郡。

起源

传说帝喾的老师封于柏地，后人以封地为姓。

名人

东周史官柏常骞，唐朝大将柏良器，清朝书法家柏谦，当代台湾作家柏杨。

名句

爱情是不按逻辑发展的，所以必须时时注意它的变化；爱情更不是永恒的，所以必须不断地追求。（柏杨）

水

郡望

吴兴郡。

起源

传说大禹治水有功，其子孙便以水为姓。

名人

明朝著名廉吏水苏民、水乡谟。

名人故事

水乡谟，明朝鄞县人，字禹陈，万历年间进士。曾出任宁国知县，后调任丹阳，为官清正廉明，改革弊政，颇有成效。因劳累过度，呕血而亡。

窦 (Dòu)

郡望

扶风郡。

起源

传说夏仲康的皇后为躲避有穷的迫害，从墙窦中逃出，不久生下少康，少康长子杼继承帝位，次子龙受赐姓窦。其后人便以窦为姓。

名人

西汉名臣窦婴，东汉名臣窦融，隋末农民起义领袖窦建德，唐朝诗人窦叔向、窦弘余，五代名人窦燕山，金代医学家窦汉卿，元朝医学家窦默。

名句

夜合花开香满庭，夜深微雨醉初醒。远书珍重何曾达，旧事凄凉不可听。去日儿童皆长大，昔年亲友半凋零。明朝又是孤舟别，愁见河桥酒幔青。（窦叔向《夏夜宿表兄话旧》）

胡尘犯阙冲关，金辂提携玉颜。云雨此时萧散，君王何日归还？　伤心朝恨暮恨，回首千山万山。独望天边初月，蛾眉犹自弯弯。（窦弘余《广谪仙怨》）

章

郡望

河间郡。

起源

齐太公的子孙被封于鄣地，其后人去掉邑旁，以章为姓。

名人

秦朝大将章邯，清末民初思想家、学者章炳麟，史学家章学诚。

名句

邹容吾小弟，被发下瀛洲。快剪刀除辫，干牛肉作糇。英雄一入狱，天地亦悲秋。临命须掺手，乾坤只两头。（章炳麟《狱中赠邹容》）

云

郡望

琅邪郡。

起源

源出妘姓。传说祝融之后封于郓罗地，号妘子。其子孙遂为妘氏，后去女旁而为云氏，相传至今。

名人

唐朝佛学家云表，宋朝名臣云景龙，元朝行省参政云从龙。

名人故事

云景龙，宋朝许州人，乾道年间任慈州知府。为政严明，兴建学校，鼓励农桑，为人节俭，刚直不阿，既不随波逐流，又不趋炎附势，因而为权贵所不喜，最后被迫辞官。一些长辈为之饯行时，都痛哭流涕。

苏

郡望

武功郡。

起源

传说祝融之孙昆吾被封于苏，其后人建立苏国。后苏国被狄灭国，原国人便以故国名为姓。

名人

战国纵横家苏秦，西汉名臣苏武，唐朝诗人苏味道、苏颋，北宋文学家苏洵、苏轼、苏辙，诗人苏舜钦，天文学家苏颂，近代诗僧苏曼殊。

名句

火树银花合，星桥铁锁开。暗尘随马去，明月逐人来。游伎皆秾李，行歌尽落梅。金吾不禁夜，玉漏莫相催。（苏味道《正月十五日夜》）

北风吹白云，万里渡河汾。心绪逢摇落，秋声不可闻。（苏颋《汾上惊秋》）

明月几时有？把酒问青天。不知天上宫阙，今夕是何年？我欲乘风归去，又恐琼楼玉宇，高处不胜寒。起舞弄清影，何似在人间？　转朱阁，低绮户，照无眠。不应有恨，何事长向别时圆？人有悲欢离合，月有阴晴圆缺，此事古难全。但愿人长久，千里共婵娟。（苏轼《水调歌头》）

潘

郡望

荥阳郡。

起源

周文王第十五子毕公高被封于毕并建立毕国后，封小儿子季孙于潘，其后人以封地为姓。

名人

西晋文学家潘岳，明朝水利家潘季驯，文学家潘之恒，清朝学者潘来，诗人潘德舆，名臣潘世恩，现代画家潘天寿。

名句

教无常师，道在则是。（潘岳《闲居赋》）

人故贵于物，谁其通至诚？（潘德舆《鹊巢》）

美有如火之热情，美有冷静之头脑，美有冰雪之聪明，美有自由之规律，美有无边之真诚，美有极端之善意，美有至乐之境域。（潘天寿）

葛

郡望

顿丘郡。

起源

葛国是夏朝诸侯国之一，葛国灭亡后，其后代以国为姓。

名人

三国道学家葛玄，东晋医学家、炼丹术家葛洪，唐朝诗人葛鸦儿，宋朝著名孝子葛书思，清朝殉国名将葛云飞。

名句

官高者，其责重。（葛洪）

蓬鬓荆钗世所稀，布裙犹是嫁时衣。胡麻好种无人种，正是归时底不归？（葛鸦儿《怀良人》）

奚

郡望

北海郡。

起源

传说黄帝的儿子禺阳被封于任,禺阳裔孙仲被封于奚,其后代以其先祖封地名为姓。

名人

北魏侍郎奚斤,唐朝制墨大师奚鼐,宋朝大理卿奚士逊,明朝户部主事奚世亮,清朝画家奚涛、奚冈。

名人故事

奚冈,清朝浙江钱塘人,字纯章。年方二十即以画闻名。奚冈性格孤僻耿介,乾隆南巡时,奚冈正应童子试,杭州知府叫人用绳子将他绑来,让他在白壁上作画。奚冈说,哪有嘱托作画而用绳子绑着来的,头可断,画不可得。将他绑来的人说,你不是童生,而是铁生。奚冈便自号为铁生,终身不应试。

范

郡望

高平郡。

起源

尧帝的后裔受封于范,其后人以其封地为姓。

名人

春秋时期越国名臣范蠡,南朝哲学家范缜,史学家范晔,北宋政治家、文学家范仲淹,南宋诗人范成大,当代历史学家范文澜。

名句

志士不饮盗泉之水,廉者不受嗟来之食。(范晔)

先天下之忧而忧,后天下之乐而乐。(范仲淹《岳阳楼记》)

州桥南北是天街,父老年年等驾回。忍泪失声询使者,几时真有六军来?(范成大《州桥》)

彭

郡望

陇西郡。

起源

传说颛顼后裔陆终第三个儿子活了八百岁,帝尧封他于彭城,即有名的彭祖,其子孙以封地为姓。

名人

汉初大将彭越,唐朝学者彭蟾,诗人彭伉,宋朝诗人彭止,清朝学者彭端淑,诗人彭兆荪,湘军将领彭玉麟,辛亥革命烈士彭楚藩,当代无产阶级革命家彭德怀。

名句

天下事有难易乎?为之,则难者亦易矣;不为,则易者亦难矣。(彭端淑《为学一首示子侄》)

郎

郡望

中山郡。

起源

鲁懿公的孙子费伯在郎地建邑，其后人以邑名为姓。

名人

东汉经学家郎宗，唐朝诗人郎士元，明朝学者郎瑛，清朝书画家郎葆辰。

名句

溪上遥闻精舍钟，泊舟微径度深松。青山霁后云犹在，画出西南四五峰。（郎士元《柏林寺南望》）

鲁

郡望

扶风郡。

起源

周公的儿子伯禽封于鲁，并建立鲁国。鲁国被楚国灭亡后，其国人便以故国名为姓。

名人

春秋时期鲁国工匠鲁班，战国时义不帝秦的鲁仲连，三国时期吴国名臣鲁肃，清朝诗人鲁一同，古文家鲁九皋，画家鲁得之。

名句

披发何人诉上苍，孤舟百战久低昂。前军力尽宵泗水，幕府深谋坐裹粮。握节魂归云冉冉，扬灰风疾海茫茫。神光金甲分明见，噀血衔须下大荒。（鲁一同《重有感》）

韦

郡望

京兆郡。

起源

夏朝少康帝将孙子元哲封于豕韦，元哲后人建立韦国。后韦国被商汤所灭，其后人以国名为姓。

名人

唐朝诗人韦应物、韦庄，名将韦皋，清末三元里抗英首领韦绍光，现代革命先烈韦拔群。

名句

独怜幽草涧边生，上有黄鹂深树鸣。春潮带雨晚来急，野渡无人舟自横。（韦应物《滁州西涧》）

江雨霏霏江草齐，六朝如梦鸟空啼。无情最是台城柳，依旧烟笼十里堤。（韦庄《台城》）

昌

郡望

汝南郡。

起源

传说黄帝有一个儿子名叫昌意，其后人以祖先名字为姓。

名人

南朝梁名将昌义之。

名人故事

昌义之，南朝梁乌江人。在镇守钟离时，遇北魏军队入侵，城中仅三千余人，在昌义之率领下四处御敌，魏军的尸首差不多与城墙齐平了。昌义之没有读过什么书，但为人宽厚，所以能得到众人拥戴，愿下死力追随他。

马

郡望

扶风郡。

起源

战国时期赵国名将赵奢因军功被封为马服君，其后人省去服字，以马为姓。

名人

东汉伏波将军马援，经学家马融，三国时期魏国机械发明家马钧，蜀汉名将马超，唐朝户部尚书马总，元朝杂剧和散曲作家马致远，清朝学者马建忠，现代东北抗日名将马占山，当代经济学家马寅初，作曲家马可，京剧表演艺术家马连良，粤剧表演艺术家马师曾，相声表演艺术家马三立。

名句

文章载人之行，传人之美，岂徒调弄笔墨，空驭英丽哉！（马总《意林》）

枯藤老树昏鸦，小桥流水人家，古道西风瘦马。夕阳西下，断肠人在天涯。（马致远《天净沙·秋思》）

苗

郡望

东阳郡。

起源

春秋时期楚国贵族贲皇因宫廷政变出逃至晋国，受到晋国国君的厚待。后来，晋国国君还将苗邑封给他，其后人以邑名为姓。

名人

唐朝诗人苗发，宋朝名将苗授、苗再成，金代大臣苗道润，明朝学者、兵部尚书苗衷，清朝语言学家苗夔，现代天文学家苗永瑞，纺织机械专家苗海南。

名人故事

苗再成，慷慨有大志。南宋末年镇守真州，南宋末代君主宋恭帝德祐年间，抗元名将文天祥兵败，退走真州。苗再成将文天祥请入城中，共商抗元大计。后真州城为元兵所破，再成不屈而死。

凤

郡望

郃阳郡。

起源

传说帝喾曾任凤鸟氏为历正，掌管历法节气时令，凤鸟氏的子孙即以祖上的官名为姓。

名人

汉朝高士、医药学家凤纲，明朝衡州知府凤翕如，清朝驻藏大臣凤全，现代采矿专家凤冠绥。

名人故事

凤纲，汉朝渔阳人。传说他常常采集各种花草，用水浸泡后，再用泥封起来。采集活动从正月开始，到九月末止，然后将封好的花草埋在地下百余日，经九次火的煎熬后制成药丸。将此药放入死者口中，立即能起死回生。凤纲本人也常服此药，长寿不老。

花

郡望

东平郡。

起源

从华姓中分化出来。

名人

唐朝名将花敬定，明朝名将花云，诗人花润生。

名人故事

花云，元末怀远人，勇力过人。投奔朱元璋后，攻城略地，屡建奇功。在朱元璋与陈友谅的战事中，花云率三千名士兵驻守太平，遇陈友谅大军来袭。坚守三天后，城破，花云被俘，奋力大呼，绑缚他的绳子都断裂了。花云夺过身边看守士兵的刀，接连杀死五六人，最后被杀。

方

郡望

河南郡。

起源

黄帝后裔方雷氏，其裔孙方叔在周宣王时，因军功封侯，子孙以祖先名字为姓。

名人

北宋农民起义领袖方腊，明朝学者方孝孺，明末清初思想家、科学家方以智，清朝学者方苞，画家方士庶，现代革命烈士方志敏。

名句

池鱼不知海，越鸟不知燕。蚯蚓霸一穴，神龙行九天。小大万相殊，岂

惟物性然？君子勿叹息，彼诚可哀怜。（方孝孺《闲居感怀》）

我们活着不能与草木同腐，不能醉生梦死，枉度人生，要有所作为！（方志敏）

俞

郡望

河间郡。

起源

传说黄帝时代有名医俞跗，为俞姓始祖。

名人

宋朝诗人俞灏，明朝名将俞大猷，清朝学者俞正燮、俞樾，甘肃提学使、诗人俞明震，当代学者俞平伯。

名句

西溪溟烟送归客，艇子落湖风猎猎。芦花浅白夕阳紫，要从雁背分颜色。颓云掠霞没山脚，一角秋光幻金碧。欲瞑不瞑天从容，疑雨疑晴我萧瑟。忆看君山元气中，沧波一逝各成翁。请将今日西湖影，写入生平云梦胸。（俞明震《游西溪归泛舟湖上晚景奇绝和散原作》）

任

郡望

乐安郡。

起源

传说黄帝的小儿子禺阳被封于任，其后代以封地为姓。

名人

南朝梁文学家任昉，元朝水利专家、画家任仁发，清朝学者任大椿，画家任熊、任伯年，现代革命烈士任锐，现代无产阶级革命家任弼时。

名句

儿父临刑曾大呼，我今就义亦从容。寄语天涯小儿女，莫将血恨付秋风。（任锐《重庆赴延安途中口占寄儿》）

袁

郡望

汝南郡。

起源

舜帝后裔胡公满的裔孙名叫伯爰，其子孙以祖上的名为姓（古代“爰”“袁”通用）。

名人

西汉名臣袁盎，东晋文学家袁宏，南北朝文学家袁淑，唐朝文学家袁郊，南宋史学家袁枢，明朝诗人袁宏道、袁宗道、袁中道，军事家袁崇焕，清朝学者袁枚。

名句

湘山晴色远微微，尽日江边取醉归。不见两关传露布，尚闻三殿未垂

衣。边筹自古无中下，朝论于今有是非。日暮平沙秋草乱，一双白鸟避人飞。（袁宏道《感事》）

天下无难事，只怕有心人；天下无易事，只怕粗心人。（袁枚）

柳

郡望

河东郡。

起源

春秋时期鲁孝公裔孙展禽封于柳下，即坐怀不乱的柳下惠，其后人以先祖封地名为姓。

名人

南朝诗人柳恽，唐朝文学家、哲学家柳宗元，书法家柳公权，北宋词人柳永，散文家柳开。

名句

千山鸟飞绝，万径人踪灭。孤舟蓑笠翁，独钓寒江雪。（柳宗元《江雪》）

寒蝉凄切，对长亭晚，骤雨初歇。都门帐饮无绪，方留恋处、兰舟催发。执手相看泪眼，竟无语凝噎。念去去、千里烟波，暮霭沉沉楚天阔。　多情自古伤离别，更那堪、冷落清秋节！今宵酒醒何处？杨柳岸、晓风残月。此去经年，应是良辰好景虚设。便纵有千种风情，更与谁人说？（柳永《雨霖铃》）

酆 (Fēng)

郡望

京兆郡。

起源

周武王将酆地封给自己最小的弟弟姬封，姬封的后人以先祖封邑名为姓。

名人

春秋时期潞邑执政酆舒，宋朝道家酆去奢。

名人故事

酆去奢，宋朝龙丘人，年轻时为崇仙宫道士，后居茅山。传说他因得道而成仙。

鲍

郡望

上党郡。

起源

夏禹的后裔在春秋时期的齐国做官，后被封于鲍地，其后代便以鲍为姓。

名人

东汉学者费值，三国时蜀大臣费祎，宋朝易学家费孝先，元朝散曲作家费唐臣，清朝学者费密，名医费伯雄，当代社会学家、人类学家、原全国人大常委会副委员长费孝通。

名句

诗吟的神嚎鬼哭，文惊的地老天荒。（费唐臣《贬黄州》）

廉

郡望

河东郡。

起源

传说颛顼有一个孙子名叫大廉，他的后人以祖先名为姓。

名人

战国时期赵国名将廉颇，后汉名臣廉范，唐朝乐工廉郊，宋朝画家廉布，元初大臣廉希宪，明朝都督佥事廉广。

名人故事

战国时期赵国大将廉颇以勇力和军功闻名。赵国宦官长缪贤门客蔺相如智斗强秦，完璧归赵后，被拜为上卿，官位在廉颇之上。廉颇很不服气，欲寻找机会让蔺相如难堪。蔺相如为国家计，不计个人荣辱，多次避让廉颇。廉颇得知实情后，深受感动，就袒露着上身，背上绑缚着荆条，来蔺相如家中请罪。从此以后，廉、蔺二人结为生死之交。这就是历史上有名的“负荆请罪”的故事。

岑 (Cén)

郡望

南阳郡。

起源

周文王封其同父异母的弟弟姬耀之子姬渠于岑地，姬渠后人以封地为姓。

名人

东汉名将岑彭，唐朝诗人岑参，宰相岑文本，清末将领岑毓英。

名句

故园东望路漫漫，双袖龙钟泪不干。马上相逢无纸笔，凭君传语报平安。（岑参《逢入京使》）

薛

郡望

河东郡。

起源

黄帝的裔孙奚仲受封于薛，其后人建立薛国。战国时期，薛国为齐国所灭，其子孙以国名为姓。

名人

隋朝诗人薛道衡，唐朝名将薛仁贵，女诗人薛涛，北宋书法家薛绍彭，史学家薛居正，南宋文字学家薛尚功，明朝诗人薛蕙，散曲家薛沦道，清朝医学家薛雪，思想家薛福成。

名句

水国蒹葭夜有霜，月寒山色共苍苍。谁言千里自今夕，离梦杳如关塞长。（薛涛《送友人》）

燕昭无故国，蓟野有空台。寂寞黄金气，凄凉沧海隈。儒生终报主，乱世始怜才。回首征途上，年年此地来。（薛蕙《昭王台》）

雷

郡望

冯翊郡。

起源

传说黄帝时代有一位名医，名叫雷公，其后人以其名为姓。

名人

唐朝在安史之乱中与睢阳城共存亡的雷万春，制琴能手雷威，南宋抗元将领雷三益，明末清初建筑师雷发达，清朝学者雷淇，当代妇女活动家雷洁琼，共产主义战士雷锋。

名句

青春啊，永远是美好的，可是真正的青春，只属于这些永远力争上游的人，永远忘我劳动的人，永远谦虚的人！（雷锋）

贺

郡望

广平郡。

起源

齐桓公后裔庆封的姓氏传至庆纯时，为避东汉安帝父亲刘庆名讳，便将庆姓改为贺姓。

名人

隋朝名将贺若弼，唐朝诗人、书法家贺知章，北宋词人贺铸，清朝文学家贺贻孙，当代无产阶级革命家、军事家贺龙。

名句

少小离家老大回，乡音无改鬓毛衰。儿童相见不相识，笑问客从何处来？（贺知章《回乡偶书》）

凌波不过横塘路，但目送、芳尘去。锦瑟年华谁与度？月桥花院，琐窗朱户，只有春知处。 飞云冉冉蘅皋暮，彩笔新题断肠句。若问闲情都几许？一川烟草，满城风絮，梅子黄时雨。（贺铸《青玉案》）

倪

郡望

千乘郡。

起源

周朝时期有郳国，郳武公的儿子被封于郳。后来，楚灭郳，郳的后人为纪念故国并避祸，便改郳为倪，以倪为姓。

名人

汉朝名臣倪萌，唐朝户部侍郎倪若水，元朝诗人、画家倪瓒，清朝诗人倪继宗，女诗人倪瑞璿。

名句

揾啼红，杏花消息雨声中。十年一觉扬州梦，春水如空。　雁波寒写去踪，离愁重，南浦行云送。冰弦玉柱，弹怨东风。（倪瓒《殿前欢·听琴》）

草绿清池水面宽，终朝阁阁叫平安。无人能脱征徭累，只有青蛙不属官。（倪瑞璿《闻蛙》）

汤

郡望

中山郡。

起源

商朝开国君主成汤的后嗣以祖先的名为姓。

名人

宋朝学者汤千，画家汤正仲，元朝学者汤式，明朝开国功臣汤和，文学家、戏曲家汤显祖，清朝画家汤贻汾，学者汤球，近代立宪派人物汤化龙，当代学者汤用彤。

名句

文情不厌新，交情不厌陈。（汤显祖）

使聪明休使小聪明，学老成休学假老成。（汤式）

滕

郡望

南阳郡。

起源

周武王封自己的弟弟叔绣于滕地，后建滕国。滕国两次遭受灭国命运，先亡于越，后灭于宋，后人以先祖封国名为姓。

名人

唐朝画家滕昌佑，北宋末以面对金人抗节不屈闻名的工部侍郎滕茂实，元朝诗人、江西儒学提举滕斌，清代著名孝子滕网。

名句

淡烟迷，遥山翠，秋风雁唳，夜月猿啼。小径幽，茅檐僻，秋色南山独相对。傲西风菊绽东篱。疏林鸟栖，残霞散绮，归去来兮。（滕斌《普天乐·归去来兮四时辞》）

殷

郡望

汝南郡。

起源

商朝盘庚迁都于殷，史称殷商。商灭亡后，商纣王的后嗣以故国名为姓。

名人

东汉名臣殷丹，东晋文学家殷仲文，唐朝名臣殷开山，画家殷仲容，明朝学者殷奎，清朝书画家殷云楼，现代作家、革命烈士殷夫。

名句

但他决心要踏上前去，真理的伟光在地平线下闪照，死的恐怖都辟易远退，热的心火会把冰雪溶消。（殷夫《别了，哥哥》）

罗

郡望

豫章郡。

起源

祝融的后代于春秋时期封于罗，并建立罗国。后罗国灭于楚国，后人以故国名为姓。

名人

唐朝文学家罗隐，元朝医学家罗天益，元末明初小说家罗贯中，明朝哲学家罗钦顺，清朝画家罗聘，近代语言学家罗常培，考古学家罗振玉，现代革命烈士罗世文，当代无产阶级革命家、军事家罗荣桓，国际共产主义战士罗盛教。

名句

尽道丰年瑞，丰年事若何？长安有贫者，为瑞不宜多。（罗隐《雪》）

故国山河壮，群情尽望春。“英雄”夸统一，后笑是何人？（罗世文）

许多人，表面看来，都是在无成绩的状况中，所不同的是，有人在耕耘，有人在无所事事地等待。当过了若干时间之后，耕耘的人有了成绩，等待的还在等待。（罗兰）

毕

郡望

河南郡。

起源

周武王封其弟姬高于毕，其后人以先祖封国名为姓。

名人

三国时期魏学者毕轨，晋朝吏部郎毕卓，唐朝画家毕宏，宋朝发明家毕昇，明朝书画家毕懋康，户部尚书毕自严，清朝学者、大臣毕沅。

名人故事

毕卓，字茂世，晋朝鲖阳人。年轻时恃才放达，曾说，一手拿酒杯，一手持蟹螯，拍浮酒池中，便足了一生。毕卓任吏部郎，放浪性情不改，曾因醉酒后潜入酿酒房偷酒喝，被掌管酒的人抓住，及至天明，才发现是他。

郝 (Hǎo)

郡望

太原郡。

起源

殷商第二十七代帝王乙封他的儿子子期于郝地，其后代以封地为姓。

名人

汉朝名士郝子廉，唐朝名臣郝处俊，宋朝名医郝允，画家郝澄，元朝学者郝经，明朝学者、监察御史郝锦，清朝经学家郝懿行。

名人故事

郝子廉，汉朝太原人，为人廉洁，一介不取于人。曾经去其姐家中吃饭，临走时留下十五钱在姐姐家中的席子下面。在井边取水喝时，常常往井中投一枚钱。

邬

郡望

太原郡。

起源

颛顼后裔曾封于邬，其后人以封邑名为姓。

名人

唐朝书法家邬彤，宋朝学者邬克诚，明朝学者邬良佐，诗人邬佐卿，名臣邬璚，清朝画家邬希文。

名人故事

邬璚，字汝璚，明朝江西新昌人。明宣宗宣德年间，邬璚任溧阳县丞，锄强扶弱，赋役均平，极有政声，深孚众望。任期满后，溧阳县数千人联名上书请留任，后升知县。

安

郡望

武陵郡。

起源

传说黄帝儿子昌意子安居于西戎，建安息国，其后代以安为姓。

名人

唐朝名臣安金藏，宋朝名将安守忠，著名石匠安民，明朝名臣安文璧，清朝收藏家安岐，当代有革命烈士安业民，香港著名爱国人士安子介。

名人故事

安守忠，字信臣，曾任后周卫州刺史。宋太宗淳化年间任雄州防御使。一次，他与同僚部属一道饮酒，军中士兵叛乱，已经闯到门口。安守忠谈笑自若，对同僚们说，这些人喝醉酒了，抓起来就行了。大家都很佩服他的器量。

常

郡望

平原郡。

起源

传说黄帝时期有司空，名叫常先，其后代以祖先名为姓。

名人

唐朝诗人常建，名臣常衮，明朝名将常遇春，散曲作家常伦，当代有著名文物研究家、敦煌学者常书鸿，豫剧表演艺术家常香玉。

名句

清晨入古寺，初日照高林。竹径通幽处，禅房花木深。山光悦鸟性，潭影空人心。万籁此俱寂，但余钟磬音。（常建《题破山寺后禅院》）

乐

郡望

南阳郡。

起源

宋戴公儿子衎字乐父，其子孙以祖先字为姓。

名人

战国时期魏国名将乐毅，宋朝学者乐史，诗人乐雷发，明朝学者乐良。

名句

儿童篱落带斜阳，豆荚姜芽社肉香。一路稻花谁是主，红蜻蜓伴绿螳螂。（乐雷发《秋日行村路》）

于

郡望

河南郡。

起源

周武王将第三个儿子叔封于邘，并建邘国，其后代以国名为姓。因“邘”“于”同音，后世子孙去掉邑旁，改用“于”姓。

名人

西汉丞相于定国，唐朝诗人于鹄，明朝名臣于谦，清朝名臣于成龙。

名句

偶向江边采白蘋，还随女伴赛江神。众中不敢分明语，暗掷金钱卜远人。（于鹄《江南曲》）

千锤万凿出深山，烈火焚烧若等闲。粉骨碎身浑不怕，要留清白在人间。（于谦《石灰吟》）

时

郡望

陇西郡。

起源

殷商后人被封于时地，其子孙以封邑名为姓。

名人

宋朝学者时少章，吏部尚书、诗人时彦，明朝制壶名家时大彬，近代医学家时逸人，当代劳动模范时传祥。

名句

胡马嘶风，汉旗翻雪，彤云又吐，一竿残照。古木连空，乱山无数，行尽暮沙衰草。星斗横幽馆，夜无眠灯花空老。雾浓香鸭，冰凝泪烛，霜天难晓。　长记小妆才了，一杯未尽，离怀多少。醉里秋波，梦中朝雨，都是醒时烦恼。料有牵情处，忍思量耳边曾道。甚时跃马归来，认得迎门轻笑。（时彦《青门饮》）

傅

郡望

清河郡。

起源

殷商武丁时期有一位宰相名说，因他早年居住于傅岩，封相后便叫傅说，其后世以“傅”为姓。

名人

汉朝丞相傅宽，诗论家傅毅，西晋哲学家傅玄，唐朝学者傅奕，清朝学者傅山，现代作家、翻译家傅雷。

名句

听言听言必审其本，观事必校其实，观行必考其迹。（傅玄《傅子》）

论其诗不如听其声，听其声不如察其形。（傅毅《舞赋》）

人人都有缺点，谈恋爱的男女双方也如此。问题不在于找一个全无缺点的对象，而要找一个双方缺点都能各自认识，各自承认，愿意逐渐改，同时能彼此容忍的伴侣。（傅雷）

皮

郡望

天水郡。

起源

周宣王时，鲁献公儿子仲山甫辅佐周朝中兴有功，被封于樊，后代以樊为姓，樊氏后裔樊仲皮的有些子孙以祖先名字中的“皮”字为姓。

名人

后汉学者皮仲固、皮容，唐末诗人皮日休，清朝经史学家皮锡瑞。

名句

绮阁飘香下太湖，乱兵侵晓上姑苏。越王大有堪羞处，只把西施赚得吴。（皮日休《馆娃宫怀古》）

卞

郡望

济阳郡。

起源

传说黄帝裔孙封于卞国，其后代以封国名为姓。

名人

春秋时期楚国玉工卞和，南朝诗人卞华，元朝诗人卞思义，清朝书画鉴赏家卞永誉，现代诗人卞之琳。

名句

如今正像是老话的沧海桑田／满怀的花草换得了一片荒烟／就是此刻／我也得像一只迷羊／带着一身灰沙／幸亏还有蔚蓝／还有仿佛的云峰浮在缥缈间／倒可以抬头望望这一个仙乡。（卞之琳《望》）

齐

郡望

汝南郡。

起源

商末姜尚辅佐周武王推翻商纣王，建立周朝，被封于齐国，其后人以封国名为姓。

名人

元朝医学家齐德之，明朝兵部尚书齐泰，清朝学者齐召南，当代国画大师齐白石。

名句

鄂国祠堂孤屿中，乾坤抔土覆精忠。丹青影闪朱旗电，松柏声呼铁马

风。今日象奸重铸鼎，当时因鸟故藏弓。乐生去国人休叹，不过从前百战空。（齐召南《岳王墓》）

康

郡望

京兆郡。

起源

周武王封其弟姬封于康，称为康叔，其子孙以其先祖谥号“康”为姓。

名人

三国时期旅行家康泰，南宋学者康与之，元朝戏曲家康进之，明朝文学家康海，清末改良派领袖康有为。

名句

空羃西邻女，鸣筝傍玉台。秋风孤鹤唳，落日百泉洄。座客皆惊引，行云欲下来。不知弦上曲，清切为谁哀？（康海《闻筝》）

秋风立马越王台，混混蛇龙最可哀。十七史从何说起，三千劫几历轮回。腐儒心事呼天问，大地山河跨海来。临睨飞云横八表，岂无倚剑叹雄才！（康有为《秋登越王台》）

伍

郡望

安定郡。

起源

传说黄帝时期有一位大臣，名叫伍胥，是伍姓的始祖。

名人

春秋时吴国大臣伍子胥，南朝文学家伍缉之，南北朝学者伍安宾，南唐诗人伍乔，民国时期外交家伍廷芳。

名句

人皆喜食肉饮酒，不知酒肉只能提神，提神之后，即化为毒物。（伍廷芳）

余

郡望

下邳郡。

起源

春秋时期，西戎有一位叫由余的官员投奔秦穆公，辅佐秦穆公成就了一番事业。后人以他的名字为姓，有些姓由，有些姓余。

名人

南宋名臣余玠，明朝名臣余子俊，清朝文学家余怀，经学家余萧客。

名句

最伤情、落花飞絮，牵惹春光不住。佳人缥缈朱楼下，一曲清歌何许？莺无语。谁传道、桃花人面黄金缕。霍王小女。恨芳草王孙，书生薄幸，空写断肠句。　江南好，花苑繁华如故。画船多少箫鼓。吴宫花草随风雨，更有千门万户。苏台暮。君不见，夷光少伯皆尘土。斜阳无主。看鸥鸟忘机，

飞来飞去，只在烟深处。（余怀《摸鱼儿·和辛幼安》）

元

郡望

河南郡。

起源

相传商朝太史元铣，是元姓的祖先。

名人

唐朝进士、孝子元德秀，经学家元澹，诗人元稹、元结，金代文学家元好问。

名句

残灯无焰影幢幢，此夕闻君谪九江。垂死病中惊坐起，暗风吹雨入寒窗。（元稹《闻乐天授江州司马》）

问世间、情是何物，直教生死相许？天南地北双飞客，老翅几回寒暑。欢乐趣，离别苦，就中更有痴儿女。君应有语：渺万里层云，千山暮雪，只影向谁去？　横汾路，寂寞当年箫鼓，荒烟依旧平楚。招魂楚些何嗟及，山鬼暗啼风雨。天也妒，未信与，莺儿燕子俱黄土。千秋万古，为留待骚人，狂歌痛饮，来访雁丘处。（元好问《摸鱼儿》）

卜

郡望

西河郡。

起源

周朝有太卜,掌管占卜吉凶,其后人以官名为姓。

名人

春秋末孔子著名弟子卜商(子夏),汉朝名臣卜式,南朝宋弋阳太守卜天生,明朝福建巡海副使卜大同,著名孝子卜怀,清朝画家卜舜年。

名人故事

卜怀,明朝宁海人。幼年丧父,母亲教他读书,每逢卜怀顽皮懈怠时,母亲即以杖敲打他。母亲去世后,卜怀祭祀时将杖放在母亲坟边,并在坟边建房居住,以追念母亲教导之功。

顾

郡望

武陵郡。

起源

夏朝曾有一个顾国,后商汤灭夏,顾国亦随之覆亡,顾国后代遂以故国名为姓。

名人

东晋名臣顾悦之,画家顾恺之,唐朝诗人顾况,明朝吏部郎中、东林党人顾宪成,明末思想家顾炎武,清朝诗人顾贞观,当代历史学家顾颉刚。

名句

松柏之姿,经霜犹茂;蒲柳常质,望秋先零。(顾悦之)

板桥人渡泉声，茅檐日午鸡鸣。莫嗔焙茶烟暗，却喜晒谷天晴。（顾况《过山农家》）

风声、雨声、读书声，声声入耳；家事、国事、天下事，事事关心。（顾宪成）

十载江南事已非，与君辛苦各生归。愁看京口三军溃，痛说扬州七日围。碧血未消今战垒，白头相见旧征衣。东京朱祜年犹少，莫向尊前叹式微。（顾炎武《赠朱监纪四辅》）

孟

郡望

平陆郡。

起源

春秋时期，鲁桓公的儿子庆父作乱，举国愤怒。庆父逃亡至莒国，改自己的姓仲孙氏为孟孙氏，其子孙再改为孟姓。

名人

战国时期思想家孟轲，东汉才女孟光，唐朝诗人孟浩然、孟云卿、孟郊，元朝经学家孟梦恂，近代史学家孟森。

名句

生，亦我所欲也；义，亦我所欲也。二者不可得兼，舍生而取义者也。（孟轲）

故人具鸡黍，邀我至田家。绿树村边合，青山郭外斜。开轩面场圃，把酒话桑麻。待到重阳日，还来就菊花。（孟浩然《过故人庄》）

二月江南花满枝，他乡寒食远堪悲。贫居往往无烟火，不独明朝为子推。（孟云卿《寒食》）

慈母手中线，游子身上衣。临行密密缝，意恐迟迟归。谁言寸草心，报得三春晖。（孟郊《游子吟》）

平

郡望

河内郡。

起源

韩哀侯儿子婼封于平，后代以封邑名为姓。

名人

西汉名臣平当、平晏，宋朝学者平居海，清朝书法家平翰。

名句

一丝一丝的怀念／像彩霞飞向天边／一片一片的忧郁／像落叶飘向地面／一寸一寸的柔情／像白帆航向彼岸（平沙《金门岛的海》）

黄

郡望

江夏郡。

起源

颛顼曾孙陆终之后于周初被封于黄，后建立黄国。春秋时，黄国为楚所灭，其子孙以故国名为姓。

名人

唐末农民起义领袖黄巢，宋朝诗人黄庭坚，元朝女纺织家黄道婆，明朝学者黄绾，清朝思想家黄宗羲，经学家黄以周，近代民主革命家黄兴。

名句

痴儿了却公家事，快阁东西倚晚晴。落木千山天远大，澄江一道月分明。朱弦已为佳人绝，青眼聊因美酒横。万里归船弄长笛，此心吾与白鸥盟。（黄庭坚《登快阁》）

不以一己之利为利，而使天下受其利；不以一己之害为害，而使天下释其害。（黄宗羲）

天下无难事，唯坚忍二字，为成功之要诀。（黄兴）

和

郡望

汝南郡。

起源

传说尧帝时期，有一位执掌天文历算的官员，名叫羲和，其后人以祖先的名为姓。

名人

三国时魏国著名廉吏和洽，唐朝名臣和逢尧，五代词人和凝，宋朝词人和岘，清朝学者和素。

名句

蘋叶软，杏花明，画船轻。双浴鸳鸯出绿汀，棹歌声。 春水无风无浪，

春天半雨半晴。红粉相随南浦晚,几含情。(和凝《春光好》)

穆

郡望

河南郡。

起源

春秋时期宋殇公治国有方,为人谦让,逝世后获谥号“穆”。其后人为纪念祖先,以其谥号为姓。

名人

唐朝画家穆修己,宋朝散文家穆修,明朝理学家穆子晖,现代诗人穆木天。

名句

我愿化一只鸟/长飞向密林/栖在翠柳的梢上/静听牧歌声(穆木天《心欲》)

萧

郡望

兰陵郡。

起源

春秋时期宋国微子启的后裔大心,因平息国内叛乱有功而被封于萧,并建萧国。楚灭萧后,其后人以故国名为姓。

名人

汉朝名臣萧何，南朝梁武帝萧衍，文学家萧统、萧铎，唐朝诗人萧颖士，元朝画家萧月潭，清朝画家萧从云，太平天国名将萧朝贵。

名句

东飞伯劳西飞燕，黄姑织女时相见。谁家女儿对门居？开颜发艳照里闾。南窗北牖挂明光，罗帷绮箔脂粉香。女儿年几十五六，窈窕无双颜如玉。三春已暮花从风，空留可怜与谁同？（萧衍《东飞伯劳歌》）

居家之方，惟俭与约；立身之道，惟谦与学。（萧绎《金楼子·立言》）

尹

郡望

天水郡。

起源

传说少昊帝儿子殷担任掌管百工的工正一职。后受封于尹，其后人以先祖封地名为姓。

名人

周朝大臣尹吉甫，战国学者尹文，汉朝名臣尹翁归，经学家尹敏，唐朝诗人尹鹗，画家尹琳，宋朝文学家尹洙，大臣尹继伦，清朝学者尹会一。

名句

月沉沉，人悄悄，一炷后庭香袅。风流帝子不归来，满地禁花慵扫。离恨多，相见少，何处醉迷三岛？漏清宫树子规啼，愁锁碧窗春晓。（尹鹗《满宫花》）

姚

郡望

吴兴郡。

起源

传说舜帝出生于姚墟，舜的后裔以其祖先的出生地为姓。

名人

汉朝经学家姚平，南齐画家姚昙度，唐朝历史学家姚思廉，名臣姚崇，诗人姚合，元朝文学家姚燧，清朝散文家姚鼐，文学家姚燮。

名句

将军作镇古汧州，水腻山春节气柔。清夜满城丝管散，行人不信是边头。（姚合《穷边词》）

高接云霄下石矶，城头终日敞清晖。孤筇落照同千里，白水青天各四围。山自衡阳皆北向，雁过江外更南飞。人间好景湘波上，却照新生白发归。（姚鼐《岳州城上》）

邵

郡望

博陵郡。

起源

周武王封周文王庶子奭于燕，后又封于召，史称召公。其后人以先祖封地名为姓，后来又有子孙在召字旁加邑旁，成为邵姓。

名人

北宋哲学家邵雍，书画家邵谊，南宋抗金义军首领邵兴，明朝画家邵弥，清朝诗人邵长蘅，当代政治家邵力子，诗人邵洵美，作家邵荃麟。

名句

知行知止唯贤者，能屈能伸是丈夫。（邵雍《代书寄前洛阳簿陆刚叔秘校》）

湛

郡望

豫章郡。

起源

传说大禹时期曾有斟灌国，其后人将国名各取一半合并，形成湛姓。

名人

南朝梁画家湛然，唐朝州吏湛贲，宋朝屯田郎中湛俞，明朝清廉知府湛礼，学者湛若水。

名人故事

湛贲，唐朝宜春人。湛贲的妻子与彭伉的妻子是姐妹。彭伉进士及第，亲族聚集在一起为之庆贺，满座都是当地的名士。因湛贲只是一个小官吏，所以让他在后面的房子单独用饭。湛妻数落他说，男子汉不振作，就只能受这种羞辱。从此，湛贲发愤读书，考中进士。彭伉听说此事时，正骑驴过桥，惊奇得从驴上掉下地来。当地人笑称：湛贲登第，彭伉落地。

汪

郡望

平阳郡。

起源

传说上古时期曾有汪芒国，姓漆，其后人迁居越国，改称汪芒氏。楚灭越后，汪芒氏再迁往别处，并将姓氏改成汪姓。

名人

宋朝诗人汪藻、汪元量，元朝散曲家汪元亨，明朝文学家汪廷讷，抗倭名将汪道昆，清朝哲学家汪中，画家汪士慎，医学家汪昂。

名句

新月娟娟，夜寒江静山衔斗。起来搔首，梅影横窗瘦。　好个霜天，闲却传杯手。君知否？乱鸦啼后，归兴浓如酒。（汪藻《点绛唇》）

西塞山边日落处，北关门外雨来天。南人堕泪北人笑，臣甫低头拜杜鹃。（汪元量《钱塘歌》）

祁

郡望

太原郡。

起源

传说尧帝复姓伊祁，后人中有的以祁为姓。

名人

春秋时晋国名臣祁奚，宋朝画家祁序，明朝右佥都御史祁彪佳，清朝学者祁韵士。

名句

清风朗月，可以引远思；流水行云，可以涤烦想。（祁彪佳《李止甫画大士引》）

毛

郡望

西河郡。

起源

周文王儿子伯聃被封于毛，后人以封邑为姓。

名人

战国时赵国名士毛遂，西汉经学家毛亨、毛苌，南齐画家毛惠远，南朝书法家毛喜，五代后蜀词人毛文锡、毛熙震，宋朝词人毛滂，清朝翰林院检讨、诗人毛奇龄，文学批评家毛宗岗，当代无产阶级革命家毛泽东。

名句

诗者，志之所之也。在心为志，发言为诗。情动于中，而形于言；言之不足，故嗟叹之；嗟叹之不足，故永歌之；永歌之不足，不知手之舞之，足之蹈之也。（毛苌《毛诗序》）

春光欲暮，寂寞闲庭户。粉蝶双双穿槛舞，帘卷晚天疏雨。　含愁独倚闺帏，玉炉烟断香微。正是销魂时节，东风满树花飞。（毛熙震《清平乐》）

驿馆吹芦叶，都亭舞柘枝。相逢风雪满淮西。记得去年残烛照征衣。曲水东流浅，盘山北望迷。长安书远寄来稀。又是一年秋色到天涯。（毛奇龄《南柯子》）

禹

郡望

陇西郡。

起源

传说古代曾有小国，名鄅。后来，鄅国灭亡，国人为纪念故国，去掉邑旁而姓禹。

名人

金朝名将禹显，明朝名吏禹祥，清朝画家禹之鼎，近代民主革命志士禹之谟。

名人故事

禹祥，明朝临洮人。任仁寿知县，为人正直诚信，清廉俭朴，做官多年有如寒士。

狄

郡望

天水郡。

起源

周康王将其弟封于狄，后建狄国。后人以国名为姓。

名人

唐朝名臣狄仁杰，宋朝名将狄青，抚州知府狄明远，明朝名臣狄文宗。

名人故事

狄仁杰，唐朝太原人，字怀英。唐高宗初年升大理丞，断积案万余。后先后出任江南巡抚使、豫州刺史，所到之处均有政声。武则天执政期间，以其卓越的政治远见，刚直的政治品格，为武后所倚重，授鸾台侍郎同平章事（宰相）。狄仁杰能举贤授能，知人善任，曾先后举荐了张柬之、姚崇、桓彦范、敬晖等人，均为一时之贤相名臣，因有"天下桃李尽出公门"之说。

米

郡望

京兆郡。

起源

隋唐时，西域有米国。米国人进入中原定居后，以国名为姓。

名人

北宋书画家米芾，南宋书画家米友仁，明朝画家米万钟，清朝书画家米汉雯。

名句

稳不俗，险不怪，老不枯，润不肥。（米芾《海岳名言》）

贝

郡望

清河郡。

起源

召康公儿子封于郥国，后人去邑旁以贝为姓氏。

名人

南朝书法家贝义渊，宋朝以治理运河著称的知县贝钦世，明朝文学家贝琼，天文学家贝琳，清朝诗人贝青乔，当代建筑学家贝聿铭。

名句

山中玉殿尽苍苔，天子蒙尘岂复回？地脉不从沧海断，潮声犹上浙东来。百年禁树知谁惜，三月宫花尚自开。此日登临解题赋，白头庾信不胜哀。（贝琼《经故内》）

唱彻临江节士歌，歌声流愤满关河。如何为国捐躯者，只是聋臣醉尉多？（贝青乔《军中杂诔诗》）

明

郡望

吴兴郡。

起源

传说燧人氏有一位大臣，名叫明由，这是明姓的始祖。

名人

晋朝以清廉著称的主簿明汲，南朝学者明山宾，隋朝学者明克让，宋朝参知政事明镐，元末农民起义将领明玉珍，清朝画家明辰。

名人故事

明汲，晋朝人。廉正爱民，在主簿任上逢灾年，粮食歉收，他主持赈给，如有亲人死亡的人家不能参加赈给的，便赠送财物。后升为县令。

臧

郡望

东海郡。

起源

鲁孝公的儿子彄受封于臧地，其后人以封地名为姓。

名人

南朝齐代史学家臧荣绪，明朝文学家臧懋循，清朝学者臧礼堂，当代诗人臧克家。

名句

总得叫大车装个够／它横竖不说一句话／背上的压力往肉里扣／它把头沉重地垂下／这刻不知道下刻的命／它有泪只往心里咽／眼里飘来一道鞭影／它抬起头望望前面。（臧克家《老马》）

计

郡望

京兆郡。

起源

大禹后裔被封于计，后人以封地为姓。

名人

春秋时期越国学者计然，宋朝文学家计有功，明朝画家计礼，清朝诗人计默。

名人故事

计然，春秋时期宋国葵丘濮上人。外表貌似平庸、愚钝，但自小非常好学，博览群书。经常遨游山海湖泽，因此又号称渔父。曾在南游至越国时，收范蠡为徒。

伏

郡望

太原郡。

起源

远古传说中有伏羲氏，其后裔以伏为姓。

名人

西汉经学家伏胜，东汉学者伏理，大司徒伏湛，学者伏无忌，南朝易学家伏曼容，唐朝医学家伏适。

名人故事

伏湛，东汉人，字惠公，其父为东汉学者伏理。伏湛子承父业，年轻时教授数百人。更始年间，伏湛为平原太守。其时，天下大乱，群雄蜂起，伏湛守土有方，平原郡得以保全。东汉光武帝刘秀即位后，拜伏湛为大司徒。

成

郡望

上谷郡。

起源

周武王封其弟叔武于郕，建立郕国。叔武的后人去掉邑旁，以“成”为姓。

名人

西晋文学家成公绥，金朝医学家成无己，当代作家成仿吾。

名句

人类的生活，我以为是一部反抗的历史。不仅从古以来经过了无数的反抗的激战，即每一个人生下地来便不能不与气候斗，与疾病斗，与他人斗，与习俗斗。人类是反抗着而存在。（成仿吾《江南的春讯》）

戴

郡望

谯郡。

起源

西周时期曾有戴国，后被宋灭，其国人便以故国名为姓。

名人

西汉经学家戴德、戴圣，东晋文学家戴逵，唐朝画家戴嵩，诗人戴叔伦，南宋诗人戴复古，明朝画家戴进，清朝思想家、考据学家戴震，史学家戴名世。

名句

凉月如眉挂柳湾，越中山色镜中看。兰溪三日桃花雨，半夜鲤鱼来上滩。（戴叔伦《兰溪棹歌》）

山崦谁家绿树中，短墙半露石榴红。萧然门巷无人到，三两孙随白发翁。（戴复古《山村》）

谈

郡望

广平郡。

起源

传说少昊后裔被封于郯，建立郯国。后郯国为越所灭，国人遂以谈为姓(古时“郯”“谈”通用)。

名人

唐朝诗人谈戭,元朝诗人谈文理,清朝史学家谈迁,天文历算家谈泰,画家谈友仁。

名句

斜阳古道接轮蹄,明月扶疏属柳西。桥上行人桥下水,落花尚自怨香泥。(谈迁《二十四桥》)

宋

郡望

京兆郡。

起源

周武王封商纣王庶兄微子启于宋,建宋国。宋国后来为齐所灭,其国人以故国名为姓。

名人

春秋时期辞赋家宋玉,唐朝诗人宋之问,名臣宋璟,宋朝诗人宋祁,明朝学者宋濂,科学家宋应星,清朝诗人宋湘,近代民主志士宋教仁,中华人民共和国名誉主席宋庆龄。

名句

岭外音书断,经冬复历春。近乡情更怯,不敢问来人。(宋之问《渡汉江》)

有善有恶是知,审善辨恶是格,为善去恶是致。(宋教仁《我之历史》)

茅

郡望

东海郡。

起源

周公的儿子受封于茅，建茅国，后茅国为邹所灭，其国人以故国名为姓。

名人

汉朝道士茅盈，明朝散文家茅坤，现代桥梁专家茅以升。

名句

予尝按次春秋以来，屈原之骚疑于怨，伍胥之谏疑于胁，贾谊之疏疑于激，叔夜之诗疑于愤，刘蕡之对疑于亢，然推孔子删《诗》之旨而裒次之，当亦未必无录之者。（茅坤《〈青霞先生文集〉序》）

庞

郡望

始平郡。

起源

周文王儿子毕公高的一支后代曾封于庞，其后人以先祖封地名为姓。

名人

南朝宋梁州刺史庞秀之，唐初名将庞玉，宋朝学者庞元英，医学家庞安时，元朝名臣庞森，明朝名臣庞时雍、著名孝子庞景华。

名人故事

庞景华，明朝上元人。九岁时父亲去世，哀痛之余，仿佛一下子变成了大人。他根据母亲的训导勤勉读书，母亲生病，他昼夜不离。邻家失火，即将危及庞家，景华抱着老母号哭，大火遂灭。母亲去世后，景华结庐于母亲墓前。有前来盗墓者，听到他的哭声，赶忙逃走了。

熊

郡望

江陵郡。

起源

传说黄帝建都于有熊，所以黄帝又称有熊氏，其部分后人以“熊”为姓。

名人

北朝经学家熊安生，元朝音乐家熊朋来，明朝名将熊廷弼，清朝思想家熊伯龙，名臣熊赐履，民国内阁总理熊希龄，现代革命烈士熊亨瀚，当代数学家熊庆来。

名句

忧国耻为睁眼瞎，挺身甘上断头台。一舟风雨寻常事，曾自枪林闯阵来。（熊亨瀚《亡命彭泽》）

纪

郡望

平阳郡。

起源

周武王封炎帝的后裔于纪，后建纪国。纪国为齐国所灭后，国人以故国名为姓。

名人

汉初大将纪信，唐朝名医纪明，金朝医学家纪天锡，元朝戏曲家纪君祥，清朝文学家纪昀，当代台湾诗人纪弦。

名句

名标青史，万古流芳。（纪君祥《赵氏孤儿》）

天下之事，但知其一，不知其二者多矣，可据理臆断欤？（纪昀《阅微草堂笔记》）

好比一盏金黄的向日葵 / 我是一个光明的追求者 / 又如一羽扑灯的小青虫 / 对于暗夜永不说出妥协。（纪弦《光明的追求者》）

舒

郡望

京兆郡。

起源

传说颛顼的后代封于舒，舒国后人以国名为姓。

名人

宋朝学者舒璘，冶陶专家舒翁，抗金将领舒卞，明朝学者舒芬，清朝诗人舒位，当代书法家舒同。

名句

云浮鸟倦早怀田，乡里儿来巧作缘。仕宦中朝如酒醉，英雄末路以诗传。五株柳树羲皇上，一水桃花魏晋前。只有东坡闲不住，加餐遍和义熙年。（舒位《读〈文选〉》）

屈

郡望

临海郡。

起源

楚武王封其儿子瑕于屈，瑕的后人以封地名为姓。

名人

战国时期楚国诗人屈原，北魏大臣屈恒，唐代学者屈隐之，明末清初文学家屈大均。

名句

路漫漫其修远兮，吾将上下而求索。（屈原）

一笑无秦帝，飘然归濑东。谁能排大难，不屑计奇功。古庙千秋月，荒

台万木风。从来天下士，只在布衣中。（屈大均《鲁连台》）

项

郡望

辽西郡。

起源

楚国有一位公子，名燕，曾受封于项，其后代以封地名为姓。

名人

战国时楚国大将项燕，秦末农民起义领袖项羽，唐朝诗人项斯，明朝书法家项元淇，画家项圣谟，清朝词人项鸿祚。

名句

力拔山兮气盖世，时不利兮骓不逝。骓不逝兮可奈何！虞兮虞兮奈若何！（项羽《垓下歌》）

青枥林深亦有人，一渠流水数家分。山当日午回峰影，草带泥痕过鹿群。蒸茗气从茅舍出，缲丝声隔竹篱闻。行逢卖药归来客，不惜相随入岛云。（项斯《山行》）

祝

郡望

太原郡。

起源

周武王封黄帝后裔于祝，建祝国，其后人以封国名为姓。

名人

元朝学者祝蕃，明朝诗人祝泰，书法家祝允明，清朝画家祝昌。

名句

身在云房梦亦闲，松头鹤影枕屏间。一声隔谷鸣华雉，信手推窗满眼山。（祝允明《山窗昼睡》）

董

郡望

陇西郡。

起源

传说舜帝时期，有一个人叫作董父，他专门为舜帝饲养龙，舜帝赐他姓董，其后人便沿袭下来。

名人

春秋时期晋国史家董狐，西汉哲学家董仲舒，隋朝画家董伯仁，五代南唐画家董源，宋朝诗人董颖，金朝戏曲家董解元，明朝书画家董其昌，才女董小宛，当代革命烈士董存瑞，无产阶级革命家董必武，香港作家董桥。

名句

人之超然万物之上，而最为天下贵也。（董仲舒《汉书·董仲舒传》）

万顷沧江万顷秋，镜天飞雪一双鸥。摩挲数尺沙边柳，待汝成阴系钓

舟。(董颖《江上》)

中年是杂念越来越长,文章越写越短的年龄。(董桥)

梁

郡望

安定郡。

起源

周宣王将大夫秦仲的儿子康封于梁,建梁国。梁国后来为秦所灭,其后人以故国名为姓。

名人

东汉名士梁鸿,书法家梁鹄,唐朝文学家梁肃,天文学家梁令瓒,宋朝画家梁楷,明朝戏曲家梁辰鱼,清朝文学家梁廷枬,近代学者、改良派领袖梁启超。

名句

陟彼北芒兮,噫!顾览帝京兮,噫!宫室崔嵬兮,噫!人之劬劳兮,噫!辽辽未央兮,噫!(梁鸿《五噫歌》)

造成今日之老大中国者,则中国老朽之冤业也;制出将来之少年中国者,则中国少年之责任也。(梁启超)

杜

郡望

京兆郡。

起源

尧帝的后裔，曾被封于唐，建唐国。后来，唐国被周公所灭，后人被改封于杜，杜国灭亡后，国人以故国名为姓。

名人

东汉书法家杜度，西晋大臣、学者杜预，唐朝名臣杜如晦，诗人杜审言、杜甫、杜牧、杜荀鹤，明朝书法家杜环。

名句

迟日园林悲昔游，今春花鸟作边愁。独怜京国人南窜，不似湘江水北流。（杜审言《渡湘江》）

国破山河在，城春草木深。感时花溅泪，恨别鸟惊心。烽火连三月，家书抵万金。白头搔更短，浑欲不胜簪。（杜甫《春望》）

远上寒山石径斜，白云生处有人家。停车坐爱枫林晚，霜叶红于二月花。（杜牧《山行》）

自小刺头深草里，而今渐觉出蓬蒿。时人不识凌云木，直待凌云始道高。（杜荀鹤《小松》）

阮

郡望

陈留郡。

起源

商朝时曾有阮国，周武王灭商，阮国覆亡，其后人以故国名为姓。

名人

东汉文学家阮瑀，三国时期魏国文学家阮籍，西晋音乐家阮咸，南朝梁目录学家阮孝绪，宋朝律学家阮逸，清朝学者阮元，当代诗人阮章竞。

名句

夜中不能寐，起坐弹鸣琴。薄帷鉴明月，清风吹我襟。孤鸿号外野，翔鸟鸣北林。徘徊将何见？忧思独伤心。（阮籍《咏怀》）

漳河水，九十九道湾 / 层层树，重重山 / 层层绿树重重雾 / 重重高山云断路。（阮章竞《漳河小曲》）

蓝

郡望

汝南郡。

起源

春秋时期，楚国公子亹被封于蓝，其子孙以封邑名为姓。

名人

宋朝诗人蓝元威，明朝大将蓝玉，诗人蓝仁、蓝智，画家蓝瑛，清朝画家蓝涟，现代革命烈士蓝蒂裕。

名句

落叶堕微风，秋山正肃爽。天寒独鸟归，日夕百蛩响。偶从桂树招，遂有桃源想。石磴阒无人，山猿自来往。（蓝仁《西山暮归》）

高阁流莺外，荒城驻马前。江寒三月雨，春老百蛮天。折柳悲横笛，飞花落钓船。乾坤总羁旅，把酒意茫然。（蓝智《雨中同孟原佥宪登嘉鱼亭》）

闵

郡望

陇西郡。

起源

春秋时期，鲁庄公的儿子继承王位不久，即遭杀害，谥闵，其后人以先祖谥“闵”为姓。

名人

春秋时期孔子学生闵损，东汉名士闵贡，唐朝检校尚书右仆射闵顼，元朝清官闵本，明朝刑部尚书闵珪，清朝画家闵贞。

名人故事

闵贞，清朝广济人。十二岁时父母双亡，成人后，哀痛自己未能赡养双亲，于是学绘画，追摹其父母像而奉祀。闵贞山水花鸟皆精，尤其长于篆刻。当时的大书画家如朱筠、翁方纲都很器重他。

席

郡望

安定郡。

起源

秦末时，晋国大夫籍谈的后代为避项籍名讳，一部分改姓席，另一部分改姓谈。

名人

唐朝诗人席豫，清朝画家席煜，藏书家席鉴，女诗人席佩兰，民初政治家席绶，当代台湾女诗人、散文家席慕蓉。

名句

生活是一种不断的竞争和自我的超越。不管你是什么身份、做什么工作，都需要全部的投入，千万不要存着一种“客串”的心理，得过且过地混日子，那是最划不来的事了。（席慕蓉）

季

郡望

渤海郡。

起源

春秋时期，鲁庄公弟弟季友之后因有政绩，颇受国君赏识和百姓拥戴。其后人有以“季”为姓，相传至今。

名人

汉初游侠季布，唐朝大臣季广琛，明朝经学家季本，清朝藏书家季振宜，当代学者季羡林。

名句

有时，一条为真知灼见的忠告，会对一个人的未来产生极为重要的有利影响，不要因为忠告不是看得见的物质，便看轻了它的价值。（季羡林）

麻

郡望

上谷郡。

起源

楚国公族熊婴迁往齐国，改为麻姓，后代便沿袭下来。

名人

汉朝学者麻达，宋朝学者麻九筹，高士麻仲英，明朝以清廉著称的湖广按察使麻永吉，画家麻居礼。

名人故事

麻仲英，宋朝广阳人。七岁便能做诗，时人视为神童。他本来有做官的机会，因双亲年老而放弃，博学多才，品行高尚，乡邻们都十分敬佩他。灾荒之年，盗贼都不入他家偷窃。

强

郡望

天水郡。

起源

春秋时期，齐国有一个大夫，名叫公孙彊，其后人以先祖名为姓（古代"彊"与"强"相通）。

名人

唐朝大理少卿强循，宋朝学者强至，元朝隐士强瑕，明朝画家强存仁，御史强珍，清朝篆刻家强行健。

名人故事

强珍，明朝沧州人，成化年间进士。强珍任泾县知县时，因该县贫瘠，曾奏请减免赋额，当地百姓深为拥戴，为他建生祠。后升为御史，刚直不阿，在巡按辽东时，弹劾辽东巡抚陈钺，结果得罪了朝中权贵汪直，谪戍辽东。汪直倒台后，强珍才官复原职。

贾

郡望

武威郡。

起源

周康王封叔父唐叔虞的儿子于贾，建贾国。后贾国为晋所灭，后人以故国名为姓。

名人

西汉政论家贾谊，东汉经学家贾逵，北魏农学家贾思勰，唐朝诗人贾至、贾岛。

名句

智如禹汤，不如常耕。（贾思勰《齐民要术》）

草色青青柳色黄，桃花历乱李花香。东风不为吹愁去，春日偏能惹恨长。（贾至《春思》）

松下问童子，言师采药去。只在此山中，云深不知处。（贾岛《寻隐者不遇》）

路

郡望

内黄郡。

起源

帝喾的后人玄元，因功被尧帝封为路中侯，其后代以先祖封号为姓。

名人

西汉学者、循吏路温舒，唐朝学者路敬德，宋代太常博士路振，明代御史路振飞。

名句

乌鸢之卵不毁，而后凤凰集；诽谤之罪不诛，而后良言进。（路温舒《尚

德缓刑书》)

娄

郡望

谯郡。

起源

周武王封夏少康的后人东楼公于杞。春秋时期,杞国为楚所灭,东楼公后裔去掉楼字的木旁,以娄为姓。

名人

西汉名臣娄敬,北魏广陵王娄伏连,唐朝宰相娄师德,宋朝吉州法曹娄南良,明朝书法家娄坚,理学家娄谅,奇女娄妃。

名人故事

娄妃,明朝理学家娄谅的女儿,宁王朱宸濠的妃子,素贤德。正德年间,朱宸濠叛乱,娄妃屡次劝说,朱宸濠一意孤行,结果叛乱仅仅维持了四十三天,即为朝廷军队平定。朱宸濠哀叹说,以前商纣王听信女人的话导致亡国,我现在不信女人的话导致灭亡,后悔都来不及了呀!

危

郡望

汝南郡。

起源

传说尧帝将帝位让给舜之后，其儿子联合三苗族起兵攻舜，企图夺回帝位。舜帝在平定叛乱后，将三苗族迁至危山，三苗族的后裔便以危为姓。

名人

五代吴越丞相危德昭，宋朝学者危稹，金紫光禄大夫危建侯，元朝名医危亦林，明朝史学家危素，清朝名士危龙光。

名人故事

危建侯，字利用，宋朝邵武人，元丰年间进士。曾任宁化知县，推行德政，爱民如子。百姓怀念他的仁德，生孩子多以“危”字为名。

江

郡望

济阳郡。

起源

大禹时期大臣伯益，受封于江。春秋时期，江国被楚所灭，其国人便以故国名为姓。

名人

南朝宋画家江僧宝，梁文学家江淹，陈诗人江总，宋朝画家江参，诗人江体，清朝经学家江永、江藩。

名句

屏风有意障明月，灯火无情照独眠。（江总《闺怨篇》）

童

郡望

雁门郡。

起源

传说颛顼有一个儿子，名叫老童，其后代以他的名字中的“童”为姓。

名人

东汉循吏童恢、童翊，前凉主簿功曹童巽，唐朝诗人童翰卿，宋朝学者童伯羽、童成大，明朝诗人童佩，清朝诗人童钰，当代生物学家童第周。

名人故事

童巽，前凉人，字子举。相传，有一次，童巽身着丧服送葬，半道上遇见盗贼。盗贼欲破棺材攫取财物，众人吓得都逃走了。童巽临危不惧，以身子遮住灵柩，恸哭不已，直至呕血。盗贼见此情景，为之感动，最后放过了他。

颜

郡望

鲁郡。

起源

春秋时期，鲁国公族伯禽的后人曾受封于颜，其子孙以封邑名为姓。

名人

春秋时期孔子学生颜回，西汉经学家颜安乐，南朝宋文学家颜延之，北朝北齐文学家颜之推，唐朝书法家颜真卿，训诂学家颜师古，元朝画家颜辉，清朝思想家颜元。

名句

与善人居，如入芝兰之室，久而自芳也；与恶人居，如入鲍鱼之肆，久而自臭也。（颜之推）

三更灯火五更鸡，正是男儿发愤时。黑发不知勤学早，白首方悔读书迟。（颜真卿）

读得书来，口会说，笔会做，都不济事，须是身上行出，才算学问。（颜元）

郭

郡望

太原郡。

起源

周武王封其叔父姬仲于虢，建虢国。后来虢国为晋所灭，其国人便以郭为姓（古代“郭”“虢”通用）。

名人

晋朝文学家郭璞，哲学家郭象，唐朝名将郭子仪，北宋画家郭熙，元朝科学家郭守敬，明朝画家郭诩，清朝外交家郭嵩焘，当代社会活动家、文学家、史学家郭沫若，诗人郭小川。

名句

战士自有战士的爱情：忠贞不渝，新美如画；一切额外的贪欲，只能让人感到厌烦，感到肉麻。（郭小川）

梅

郡望

汝南郡。

起源

周武王封商纣王忠臣梅伯的孙子为忠侯。为纪念祖先，忠侯的后裔以梅为姓。

名人

东晋儒学家梅赜，北宋文学家梅尧臣，明朝经史学家梅鹗，戏曲家梅鼎祚，清朝天文学家梅文鼎，当代京剧表演艺术家梅兰芳。

名句

度水红蜻蜓，傍人飞款款。但知随船轻，不知船已远。（梅尧臣《杂诗绝句》）

盛

郡望

汝南郡。

起源

召公奭的子孙中有人被封于盛,后为秦灭,国人以故国名为姓。

名人

宋朝名士盛明远,诗人盛次仲,学者盛度,元朝诗人盛彧,明朝名医盛寅,画家盛安,清朝诗画家盛大士,围棋国手盛大有。

名句

看来天地不知夜,飞入园林总是春。(盛次仲《论雪》)

林

郡望

西河郡。

起源

商纣王忠臣比干遇害后,其有孕在身的妻子连夜逃出朝歌,在牧野树林中生下一个儿子。周武王灭纣后,将比干的这个遗腹子赐姓为林。

名人

五代书法家林鼎,宋朝诗人林逋,画家林椿,明朝诗人林鸿,清朝民族英雄林则徐,抗日殉国海军将领林永升,现代文学家林语堂。

名句

不临财不见志士之节。(林逋)

苟利国家生死以,岂因祸福避趋之。(林则徐)

刁

郡望

弘农郡。

起源

春秋时期，齐国大夫竖刁的后人以其名为姓。

名人

东晋尚书令刁协，南北朝学者刁冲，唐朝画家刁光胤，宋朝诗人刁涛，元朝本路总管刁代，清朝书法家刁戴高。

名人故事

刁代，元朝元江人。因军功屡获提拔。刁代勇力过人，部属无不敬畏。他驻防的地方附近有一山洞，洞中有一条大蛇不时出没，危害百姓。刁代携利剑进入洞中，与大蛇展开搏斗，顷刻洞中流水一片血红，刁代与大蛇同归于尽。

钟

郡望

颍川郡。

起源

春秋时期，楚国公族钟建封于钟吾，其后人以钟吾为姓。后有子孙省去"吾"字，以"钟"为姓。

名人

三国时期书法家钟繇，南朝文学批评家钟嵘，五代后周词人钟辐，元朝戏曲家钟嗣成，明朝文学家钟惺。

名句

酒饭囊，或醉或梦，块然泥土者，则其人虽生，与已死之鬼何异？（钟嗣成《录鬼簿序》）

商山海上半秦民，何独桃源是避秦？满洞仙人一渔子，翻疑渔子是仙人。（钟惺《桃源词》）

徐

郡望

东海郡。

起源

大禹封伯益的儿子于徐，建徐国。春秋时期，徐国被吴国所灭，国人以故国名为姓。

名人

三国魏学者徐幹，南北朝陈诗人徐陵，唐朝诗人徐凝，五代画家徐熙，文字学家徐锴，明朝文学家徐渭，旅行家徐霞客，科学家徐光启，清朝科学家徐建寅，诗人徐兰，现代诗人徐志摩，当代油画大师徐悲鸿。

名句

路不险，则无以知马之良；任不重，则无以知人之材。（徐幹《中论》）

关山三五月，客子忆秦川。思妇高楼上，当窗应未眠。星旗映疏勒，云

阵上祁连。战气今如此,从军复几年?(徐陵《关山月》)

萧娘脸薄难胜泪,桃叶眉长易觉愁。天下三分明月夜,二分无赖是扬州。(徐凝《忆扬州》)

将军此去必封侯,士卒何心肯逗留。马后桃花马前雪,出关争得不回头。(徐兰《出居庸关》)

轻轻的我走了/正如我轻轻的来/我轻轻的招手/作别西天的云彩。(徐志摩《再别康桥》)

懒惰是索价极高的奢侈品,一旦到期清付,必定偿还不起。(徐悲鸿)

丘

郡望

河南郡。

起源

姜太公被封于齐,都城营丘,其后人便有以“丘”为姓氏。清朝避孔丘讳,丘姓加邑旁为“邱”。

名人

宋朝学者丘义,元朝道教领袖丘处机,诗人丘一中,明朝大臣丘濬,清朝诗人丘逢甲。

名句

春愁难遣强看山,往事惊心泪欲潸。四百万人同一哭,去年今日割台湾。(丘逢甲《春愁》)

骆

郡望

内黄郡。

起源

姜太公的子孙中有一个名叫骆，其后人以祖先名为姓。

名人

三国时吴国将军骆统，唐朝文学家骆宾王，明代翰林院编修骆文盛，清代大臣骆秉章。

名句

此地别燕丹，壮士发冲冠。昔时人已没，今日水犹寒。（骆宾王《于易水送人》）

高

郡望

渤海郡。

起源

齐文公的儿子受封于高，其后人以封地名为姓。

名人

东汉学者高诱，唐朝诗人高适，宋朝名将高怀德，元朝戏曲家高则诚，明朝学者高攀龙，清朝文学家高鹗，画家高其佩。

名句

千里黄云白日曛，北风吹雁雪纷纷。莫愁前路无知己，天下谁人不识君。（高适《别董大》）

夏

郡望

会稽郡。

起源

夏朝灭亡后，夏的后人有一部分以国名为姓。

名人

汉朝学者夏恭，南宋画家夏珪，明朝画家夏昶，明末爱国诗人夏完淳，清朝学者夏曾佑，现代革命烈士夏明翰。

名句

复楚情何极，亡秦气未平。雄风清角劲，落日大旗明。缟素酬家国，戈船决死生！胡笳千古恨，一片月临城。（夏完淳《即事》）

砍头不要紧，只要主义真。杀了夏明翰，还有后来人。（夏明翰《就义诗》）

蔡

郡望

济阳郡。

起源

周武王封其弟叔度于蔡，叔度后人建蔡国。蔡灭于楚后，其国人以故国名为姓。

名人

东汉发明家蔡伦，文学家蔡邕，女诗人蔡琰，宋朝书法家蔡襄，理学家蔡元定，金朝文学家蔡松年，清朝画家蔡元友，近代军事家蔡锷，教育家蔡元培，现代革命烈士蔡和森、蔡济黄。

名句

心犹首面也，是以甚致饰焉。面一旦不修，则尘垢秽之，心一朝不思善，则邪恶入之。（蔡邕）

各存愚公之愿，即可移山；共怀精卫之心，不难填海。（蔡锷）

凭舟衡国变，意志鼓黎元。潭州蔚人望，洞庭证沅泉。（蔡和森《少年行》）

明月照秋霜，今朝还故乡。留得头颅在，雄心誓不降。（蔡济黄）

田

郡望

雁门郡。

起源

春秋时期，陈国公子完逃往齐国，齐国国君将他封于田，其后人以先祖封邑名为姓。

名人

战国时期齐国军事家田忌，思想家田骈，燕国处士田光，西汉名士田横，经学家田何，宋朝画家田松，明朝著作家田汝成，清朝著作家田茂遇，诗人田松岩。

名句

路当坦处亦防倾。（田松岩《题劳山杖》）

樊

郡望

上党郡。

起源

周宣王封大臣仲山甫于樊，其后裔以封地名为姓。

名人

战国勇士樊於期，西汉初年大将樊哙，北齐哲学家樊逊，唐朝散文家樊宗师，清朝画家樊圻，近代两江总督、诗人樊增祥，民国时期学者樊弘。

名句

残柳黄于陌上尘，秋来长是翠眉颦。一弯月更黄于柳，愁煞桥南系马人。（樊增祥《八月六日过灞桥口占》）

胡

郡望

安定郡。

起源

周武王封舜帝后裔妫满于陈，谥号陈胡公，其子孙有一部分以其谥号中的“胡”为姓。

名人

汉朝教育家胡安，唐朝诗人胡元范，五代后唐画家胡瓌，宋朝哲学家胡安国、胡宏，力斥秦桧的主战派胡铨，元朝学者胡祗遹，明朝文学家胡应麟，清朝地理学家胡渭，湘军将领胡林翼，现代学者胡适，小说家胡也频，当代无产阶级革命家胡耀邦。

名句

国家之败，必有坏乱，不起之处，深知其处。大变革之者，其功大；小变革之者，其功小；不变革者，必沦胥以亡。（胡宏）

以做百姓之心做官，以治私事之心治官事。（胡林翼）

凌

郡望

河间郡。

起源

周武王的弟弟负责执掌宫廷所需冰块，官职为凌人，其后代以祖先官名为姓。

名人

三国时吴国大将凌统、凌操，明末文学家凌濛初，清朝经学家凌曙，画家凌瑚。

名句

苍蝇集秽，蝼蚁集膻。（凌濛初）

霍

郡望

太原郡。

起源

周武王封其弟于霍，称霍叔。霍叔曾与管叔、蔡叔一起作乱，后被周公弹压，霍叔儿子继承其父封邑，建霍国。春秋时期，霍国灭于晋，国人遂以故国名为姓。

名人

西汉名将霍去病，名臣霍光，唐朝名妓霍小玉，宋朝画家霍适，明朝袁州知府霍子衡，礼部尚书霍韬，清朝工部尚书霍达。

名人故事

汉武帝刘彻为霍去病治第，令视之，对曰："匈奴不灭，无以家为也。"

虞

郡望

陈留郡。

起源

传说舜帝曾受封于虞，称有虞氏。后夏禹封舜帝后裔于虞，建虞国，虞国人后来以国名为姓。

名人

西汉小说家虞初，三国时期经学家虞翻，唐朝大臣、书法家虞世南，元朝学者虞集，清朝女画家虞朗。

名句

兵无常阵，水无常形。（虞世南《笔髓论·释草》）

銮舆三顾茅庐，汉祚难扶，日暮桑榆。深渡南泸，长驱西蜀，力拒东吴。美乎周瑜妙术，悲夫关羽云殂。天数盈虚，造物乘除。问汝何如？早赋归欤。（虞集《席上偶谈蜀汉事因赋短柱体》）

万

郡望

扶风郡。

起源

春秋时期晋国大夫毕万，其后人中有的以“万”为姓。

名人

战国时期学者万章，隋朝音乐家万宝常，唐朝诗人万楚，明朝医学家万全，清朝经学家万斯大，史学家万斯同，现代剧作家万家宝（曹禺）。

名句

西施谩道浣春纱，碧玉今时斗丽华。眉黛夺将萱草色，红裙妒杀石榴花。新歌一曲令人艳，醉舞双眸敛鬓斜。谁道五丝能续命，却令今日死君家。（万楚《五日观妓》）

支

郡望

郃阳郡。

起源

传说尧舜时代有一个名叫支父的高士，其后人以“支”为姓。

名人

汉朝佛经翻译家支谶，东晋佛教学者支遁，五代画家支仲元，宋朝画家支选，明朝画家支鉴，湖广巡抚支可大。

名人故事

支可大，明朝昆山人，万历年间进士。曾任礼部主事，为人清廉耿介，主张贵戚宦官不得干以私，为当时贤相张居正所器重。宦官陈奉欲兴大狱，陷害忠良，可大挺身而出，揭露其阴谋，使其未能得逞。

柯

郡望

济阳郡。

起源

春秋时期，吴国有公子柯卢，其后人以其名字中的“柯”为姓。

名人

宋朝名臣柯述，诗人柯梦得，明朝文学家柯潜，史学家柯维骐，清朝诗人柯维桢，清末抗日义士柯铁，近代史学家柯劭忞，当代作家柯灵。

名句

文品总是人品的表现，因为文艺是心灵工厂的产品，不可避免地要漏泄灵魂的秘密——不管是袒露的或潜藏的，甚至带着各种藻饰的。（柯灵《文品与人品》）

昝(Zǎn)

郡望

太原郡。

起源

商朝曾有一位宰相，名叫咎单，其后人在“咎”字中增一横，姓“昝”，有避灾咎之意。

名人

东晋大将昝坚，唐朝学者昝商，宋朝检校太尉昝居润，明朝名士昝如心，著名孝子昝学易。

名人故事

昝学易，明朝怀宁人，万历年间举人。学易担心年事已高的父亲独处不暖和，于是每夜与父亲同床共枕，凡八年之久，直至父亲去世。

管

郡望

晋阳郡。

起源

周武王封其弟于管，人称管叔。管叔曾与霍叔、蔡叔一起发动叛乱，被周公弹压。管叔子孙出逃至山东，以先祖封地名为姓。

名人

春秋时期齐国政治家管仲，三国时期魏国学者管宁，宋朝词人管鉴，元朝女画家管道升，清朝散文家管同。

名句

宁过于君子，而毋失于小人。过于君子，其为怨浅，失于小人，其为祸深。（管仲）

卢

郡望

范阳郡。

起源

春秋时期齐文公后人高傒因功被封于卢，其后人以封地名为姓。

名人

东汉名臣卢植，隋朝诗人卢思道，唐朝诗人卢照邻、卢纶、卢仝，元朝散曲作家卢挚，当代科学家卢嘉锡。

名句

节物风光不相待，桑田碧海须臾改。昔时金阶白玉堂，即今惟见青松在。（卢照邻《长安古意》）

月黑雁飞高，单于夜遁逃。欲将轻骑逐，大雪满弓刀。（卢纶《塞下曲》）

莫

郡望

巨鹿郡。

起源

传说颛顼曾建鄚城，后来颛顼后人去掉邑旁，以莫为姓。

名人

北魏名士莫含，唐朝文人莫修符，宋朝诗人莫蒙，明朝书画家莫是龙，清朝书法家莫友芝，现代诗人莫洛。

名句

信念和理想是不死的生命 / 无声的歌含有崇高的爱情 / 宁愿让自己满身生锈 / 决不肯对白纸说半句谎话。(莫洛《笔》)

经

郡望

荥阳郡。

起源

春秋时期郑国公子京叔段之后曾以京为姓。汉朝太守京房，遭奸臣迫害，冤死牢狱，其子孙为避祸，将京姓改为“经”。

名人

明朝名士经承辅，清朝名士经元善，云南固原提督经文岱。

名人故事

经元善，清朝上虞人，为人乐善好施。光绪年间，河北、河南、陕西、山西等地发生旱灾，元善集资数万赈灾，并在民间募捐达数百万。自此，上海有了协赈公所。

房

郡望

清河郡。

起源

传说舜帝封尧帝的儿子丹朱于房陵，丹朱后人建立房国，其子孙以国名为姓。

名人

西汉学者房凤，隋朝经学家房晖远，唐朝名臣房玄龄，佛经翻译家房融，清朝清官邹县县令房岩。

名句

学之染人，甚于丹青。（房玄龄）

裘

郡望

渤海郡。

起源

春秋时期，卫国一位大夫被封于裘，其后人以封邑名为姓。

名人

宋朝诗人裘万顷，清朝学者兼名臣裘日修，戏曲作家裘琏。

名句

露湿芳桃午未干，花时全似麦秋寒。征衫不敌东风力，试上邮亭曝背看。（裘万顷《入京道中曝背》）

缪 (Miào)

郡望

兰陵郡。

起源

春秋时期秦穆公的后人以其谥号“穆”为姓(古代“穆”“缪”通用)。

名人

西汉经学博士缪生，三国时期魏国文学家缪袭，元朝经学家缪主一，明朝医学家缪雍，清朝诗人缪彤，女画家缪嘉惠，现代历史学家缪钺。

名句

凉月漾中流，金山隐隐浮。尚余残醉在，和梦到扬州。（缪彤《渡江》）

干

郡望

颍川郡。

起源

春秋时期，宋国有一位大夫名叫干犨，其后人以其名字中的“干”为姓。

名人

春秋时期铸剑家干将，晋朝文史学家干宝，元朝礼部尚书干文传，明朝都御史干桂。

名人故事

干桂，明朝顺天人，字德芳，正德年间进士。干桂为政廉洁严明，所在之处，豪强敛迹。

解(Xiè)

郡望

平阳郡。

起源

周成王弟弟唐叔虞受封于解，其后人以封邑名为姓。

名人

春秋时晋国名士解狐，南朝梁画家解倩，宋朝名臣解潜，明朝学者解缙。

名句

虬髯白晰绣衣郎，骢马南巡古越裳。城郭新开秦郡县，山河原是汉金汤。天连铜柱蛮烟黑，地接珠崖海气黄。莫说炎荒冰雪少，须令六月见飞霜。(解缙《送刘绣衣按交阯》)

应

郡望

汝南郡。

起源

周武王第四个儿子受封于应，建应国，后人以先祖封国名为姓。

名人

东汉学者应劭，三国时期魏文学家应玚、应璩，唐朝靖州刺史应智项，宋朝诗人应子和，元朝学者应象翁，清朝诗人、江苏按察使应宝时。

名句

下流不可处，君子慎厥初。（应璩《百一诗》）

宗

郡望

京兆郡。

起源

周朝官制设六官，其中春官宗伯执掌祭祀典礼等事宜，宗伯的后代便以祖先的官职名为姓。

名人

南朝宋名将宗悫，画家宗炳，宋朝名将宗泽，明朝文学家宗臣，清朝书画家宗无鼎，当代美学家宗白华。

名句

愿乘长风，破万里浪。（宗悫）

前所谓权门者，自岁时伏腊，一刺之外，即经年不往也。间道经其门，则亦掩耳闭目，跃马疾走过之，若有所追逐者。（宗臣《报刘一丈书》）

丁

郡望

济阳郡。

起源

姜太公的儿子伋辅佐周成王有功，死后追谥为“齐丁公”，其后代中有人以其谥号中的“丁”字为姓。

名人

东汉经学家丁恭，三国时期吴国大将丁奉，魏国名士丁仪，明代画家丁玉川，清朝地理学家丁谦，名将丁汝昌，藏书家丁丙，篆刻家丁敬，近代藏书家丁福保。

名句

胸怀欢畅，则长寿可期，若忧虑过多，则使人易老。常人之情，苦则悲，乐则笑，悲哀最足伤人，而欢笑最能益人。欢笑能补脑髓，活筋络，舒血气，消食滞，胜于服食药饵。每日须得片刻闲暇，逢场作戏，以资笑乐，而益身体也。（丁福保）

宣

郡望

始平郡。

起源

春秋时期鲁国大夫宣伯的后人以先祖的谥号“宣”为姓。

名人

后汉名臣宣秉，宋朝名士宣明，明朝学者宣温，循吏宣仲庸，现代革命烈士宣侠父。

名句

人民渐自梦中回，革命呼声惊似雷。同志如今须记取，自由要用血争来。（宣侠父）

贲 (Bēn)

郡望

宣城郡。

起源

春秋时期鲁国贵族贲父的后裔以其先祖名字中的“贲”字为姓。

名人

汉初将军贲赫，星历学家贲丽，晋朝名士贲嵩，元代将军贲亨。

名人故事

贲赫，原为西汉初年淮南王英布幕僚。英布怀疑其宠妃与贲赫有染。贲赫得知此事后很害怕，便称病不出。英布欲拘捕他。其时，英布正在策划谋反，贲赫便赶往长安向朝廷举报。刘邦将贲赫拘禁起来，然后派人暗中查验英布。结果，英布杀了贲赫全家，并举兵叛乱。汉高祖封贲赫为将军、期思侯。

邓

郡望

南阳郡。

起源

商朝君主武丁封叔父曼季于邓，建邓国。邓国后来为楚所灭，其国人以故国名为姓。

名人

春秋时期郑国政治家邓析，东汉大臣邓禹，三国时期魏国名将邓艾，宋朝思想家邓牧，元朝书法家邓文源，清朝书法家邓石如，名将邓世昌，诗人邓辅纶，当代无产阶级革命家邓小平、邓子恢、邓颖超，革命烈士邓中夏，爱国民主人士邓宝珊，政治学家邓初民，历史学家邓广铭，物理学家邓稼先。

名句

人生只有一生一死，要生得有意义，死得有价值。（邓中夏）

我是中国人民的儿子，我深情地爱着我的祖国和人民。（邓小平）

郁

郡望

黎阳郡。

起源

春秋时期鲁国宰相郁黄(一名郁贡)的后人以其先祖名中的“郁”字为姓。

名人

宋朝名医郁继善,明朝校勘学家郁文博,清朝诗人郁植,现代作家郁达夫。

名句

人的情感,人的理智,这两重灵性的发达与天赋,不一定是平均的。有些人是理智胜于情感,有些人是情感溢于理智。(郁达夫)

单 (Shàn)

郡望

南安郡。

起源

周成王将自己的儿子臻封于单,臻的后人以先祖封地名为姓。

名人

晋朝高士单道开,唐初名将单雄信,宋朝水利专家单锷,明朝学者单仲友，诗人单恂。

名人故事

单道开，晋朝敦煌人，常着粗布衣服，昼夜不眠。后入罗浮山，活了一百多岁。

杭

郡望

余杭郡。

起源

传说大禹治水后，尚剩下很多船只，他派自己的儿子将这些船只集中到一起进行管理，并将集中地封为余航国。后余航国人去掉舟旁加木旁，以“杭”为姓。

名人

东汉长沙太守杭徐，明朝名臣杭淮，清朝学者杭世骏。

名人故事

杭徐，东汉时期丹阳人，字伯徐。曾驻守宣城，将聚居在森林中的流民移居到县中妥善安置，境内遂无盗贼。

洪

郡望

豫章郡。

起源

传说上古英雄共工的后人原以“共”为姓，为避仇而加水旁改姓洪。

名人

宋朝文学家洪皓、洪迈，钱币学家洪遵，金石学家洪适，明朝学者洪应明，诗人兼画家洪孝先，清朝戏曲家洪昇，学者洪亮吉，近代农民起义领袖洪秀全。

名句

为恶而畏人知，恶中犹有善路；为善而急人知，善处即是恶根。（洪应明《菜根谭》）

玉皇宫殿高无极，东西龙虎更番值。天上事偏多，仙人鬓亦皤。 麻姑空一笑，偶自舒长爪。掐破碧桃花，花光照万家。（洪亮吉《菩萨蛮》）

包

郡望

上党郡。

起源

春秋时期楚国大夫申包胥的后代以先祖名字中的“包”为姓。

名人

东汉经学家包咸，唐朝诗人包融，宋朝名臣包拯，资政殿学士包恢，清朝书法家包世臣，当代企业家包玉刚。

名句

四海之广，不患无贤，患在信用之不至尔。（包拯《请录用杨纮等》）

凡取友，必须趋向正当，切磋琢磨，有益于己者；若乃邪僻卑污，与夫柔佞不情相诱为非者，慎勿近之。（包恢《论立身师法》）

读古人书，友天下士。（包世臣）

诸

郡望

琅邪郡。

起源

春秋时期越王勾践后裔有闽粤王无诸，其后人以先祖名字中的“诸”字为姓。

名人

明朝学者诸茂卿，循吏诸弘道，奇女子诸娥，清朝学者诸九鼎。

名人故事

诸娥，明朝山阴人。明太祖洪武年间，诸娥父亲遭人诬陷，被定为死罪，诸娥的两个哥哥也同时罹罪。诸娥时年仅八岁，遇此凶信，昼夜号哭。她与其舅到京城诉冤，被责令躺在钉满钉子的木板上。诸娥在钉板上辗转，几乎死去。覆查后，仅有一个兄长被判充军。因为伤势过重，诸娥不久即死去。乡人同情她的遭遇，为她的死去而哀痛，将其肖像悬挂在曹娥庙，供人祭祀。

左

郡望

济阳郡。

起源

周朝的史官分为左史、右史。左史的后人以先祖的官职名为姓。

名人

三国时期魏国音乐家左延年，晋朝文学家左思，明朝名臣左光斗，清朝名臣左宗棠，词人左辅，现代革命烈士、八路军高级将领左权。

名句

荆轲饮燕市，酒酣气益震。哀歌和渐离，谓若傍无人。虽无壮士节，与世亦殊伦。高眄邈四海，豪右何足陈！贵者虽自贵，视之若埃尘。贱者虽自贱，重之若千钧。（左思《咏史》）

时时存一倾覆之想或可保全，时时存一败裂之想或可免颠越。（左宗棠）

水软橹声柔，草绿芳洲。碧桃几树隐红楼。者是春山魂一片，招入孤舟。　乡梦不曾休，惹甚闲愁？忠州过了又涪州。掷与巴江流到海，切莫回头。（左辅《浪淘沙》）

石

郡望

武威郡。

起源

春秋时期卫国有一位大夫，名叫石碏，其后人以先祖名字为姓。

名人

战国时期天文学家石申，宋朝名将石守信，文学家石延年，元朝戏曲家石君宝，清朝学者石成金，太平天国名将石达开。

名句

身安不如心安，心宽强如屋宽。（石成金《传家宝》）

千颗明珠一瓮收，君王到此也低头。五岳抱住擎天柱，吸尽黄河水倒流。（石达开《驻军大定与苗胞欢聚即席赋诗》）

崔

郡望

博陵郡。

起源

姜太公的孙子季子受封于崔，其子孙以先祖封地名为姓。

名人

东汉学者崔寔，文学家崔骃，北魏史学家崔鸿，学者崔颐，唐朝诗人崔颢、崔护，宋朝经学家崔子方，学者崔敦礼，清朝学者崔述，诗人崔华。

名句

昔人已乘黄鹤去，此地空余黄鹤楼。黄鹤一去不复返，白云千载空悠悠。晴川历历汉阳树，芳草萋萋鹦鹉洲。日暮乡关何处是，烟波江上使人愁。

（崔颢《黄鹤楼》）

去年今日此门中，人面桃花相映红。人面不知何处去，桃花依旧笑春风。（崔护《题都城南庄》）

才而无德谓之奸，勇而无德谓之暴，辩而无德谓之诞，智而无德谓之谲。（崔敦礼《刍言》）

吉

郡望

冯翊郡。

起源

周宣王大臣尹吉甫的子孙以其先祖名字中的“吉”字为姓。

名人

东汉末名医吉本，唐朝诗人吉中孚，现代爱国将领吉鸿昌。

名句

路是脚踏出来的，历史是人写出来的。人的每一步行动都在书写自己的历史。（吉鸿昌）

钮

郡望

吴兴郡。

起源

据传，东晋时期有一位名叫钮滔的人是钮姓的祖先。

名人

隋朝知名孝子钮士雄，元朝循吏钮克让，明朝名臣钮衍，清朝文字学家钮树玉，画家钮枢。

名人故事

钮士雄，隋朝大孝子。父亲去世后，他背土筑成坟墓，结庐于墓旁。隋文帝为褒扬其孝行，将其居住的地方赐名为累德里。

龚

郡望

武陵郡。

起源

传说黄帝时期，大臣共工司水土，其子句龙继承父职。他们的后裔将先祖名字各取一半，成为“龚”姓。

名人

汉朝名臣龚遂，画家龚宽，明朝医学家龚廷贤，史学家龚之伊，清朝礼部尚书、诗人龚鼎孳，思想家、文学家龚自珍。

名句

倚槛春愁玉树飘，空江铁锁野烟消。兴怀何限兰亭感，流水青山送六朝。（龚鼎孳《上巳将过金陵》）

九州生气恃风雷，万马齐喑究可哀。我劝天公重抖擞，不拘一格降人才。（龚自珍《己亥杂诗》）

程

郡望

安定郡。

起源

远古传说中有祝融氏，其后裔在商朝时，曾受封于程，其子孙以先祖封国名为姓。

名人

西汉将军程不识，宋朝理学家程颐、程颢，明朝数学家程大位，明朝文献学家程敏政，清朝文学家程伟元，经学家程瑶田，弹词女作家程蕙英，篆刻家程邃。

名句

外物之味，久则可厌；读书之味，愈久愈深。（程颐）

江日辉辉下广陵，客边吟兴偶然增。宋军水砦多编户，隋帝离宫半属僧。鹅鸭似便春雨数，楼台争出暮云层。往来总戴承平福，莫问从前几废兴。（程敏政《扬州》）

嵇（Jī）

郡望

谯郡。

起源

夏朝君主少康将儿子封于会稽，便有了稽姓。汉初，稽姓迁往谯郡嵇山，改稽姓为嵇姓。

名人

三国时期魏国文学家嵇康，清朝学者嵇宗孟，水利专家嵇曾筠。

名句

谗言似信，不可谓有诚；激盗似忠，不可谓无私。（嵇康《释弘论》）

邢

郡望

河间郡。

起源

周公第四个儿子封于邢地，建邢国，其后人以国名为姓。

名人

北朝思想家、文学家邢劭，宋朝经学家邢昺，明朝书法家邢侗，清朝诗人邢昉。

名句

天高日色浅，林劲鸟声哀。（邢劭《冬日伤志篇》）

滑

郡望

下邳郡。

起源

滑国是周朝的诸侯国，春秋时期为晋国所灭，国人以故国名为姓。

名人

明朝医学家滑寿。

名人故事

滑寿，明朝余姚人，字伯仁。幼时即聪明过人，诗文俱佳。滑寿先是师从王居中，后自学张仲景等医家理论，融会于心，遂自成一家，有多部医学著作问世。

裴 (Péi)

郡望

河东郡。

起源

伯益的后裔曾封为裴乡侯，其后代以先祖封号为姓。

名人

晋朝地图学家裴秀，南朝宋史学家裴松之，唐朝名臣裴寂、裴度，诗人裴迪、裴潾,书法家裴行俭。

名句

日落松风起,还家草露晞。云光侵履迹,山翠拂人衣。(裴迪《华子岗》)

长安豪贵惜春残,争赏街西紫牡丹。别有玉盘承露冷,无人起就月中看。(裴潾《裴给事宅白牡丹》)

陆

郡望

河南郡。

起源

齐宣王封其少子通于陆乡,通后代以先祖封地名为姓。

名人

汉朝政论家陆贾,晋朝文学家陆机,南朝画家陆梁,唐朝诗人陆龟蒙,宋朝哲学家陆九渊,诗人陆游,明朝戏曲家陆采,清朝医学家陆懋修。

名句

立片言以居要,乃一篇之警策。(陆机《文赋》)

几年无事傍江湖,醉倒黄公旧酒垆。觉后不知明月上,满身花影倩人扶。(陆龟蒙《和袭美春夕酒醒》)

死去元知万事空,但悲不见九州同。王师北定中原日,家祭无忘告乃翁。(陆游《示儿》)

荣

郡望

上谷郡。

起源

周成王的卿士受封于荣，称为荣伯，其后人以先祖封地名为姓。

名人

春秋时期高士荣启期，汉朝经学家荣广，隋朝史学家荣建绪，清朝诗人荣涟，书法家荣林。

名句

贫者士之常，死者人之终。居常以待终，何不乐也。（荣启期）

翁

郡望

钱塘郡。

起源

周昭王的庶子受封于翁山，其后人以先祖封地名为姓。

名人

唐朝诗人翁洮，宋朝学者翁梦得，诗人翁卷，清朝文学家翁方纲，政治家翁同龢。

名句

只有濛濛意，人家与钓矶。寺门钟乍起，樵客径犹非。四百层泉落，三千丈翠飞。与谁参画理？半面尽斜晖。（翁方纲《望罗浮》）

六十年中事，凄凉到盖棺。不将两行泪，轻为汝曹弹。（翁同龢《甲辰五月二十日绝笔》）

荀

郡望

河内郡。

起源

周文王的儿子封于郇，建立郇国。春秋时期，郇国为晋国所灭。其后人以故国名为姓，去掉邑旁加草头改为荀。

名人

春秋时期晋国名臣荀林父，战国时期思想家荀况，东汉经学家荀爽，史学家荀悦，晋朝音律学家荀勖，明朝学者荀廷诏。

名句

天行有常，不为尧存，不为桀亡。应之以治则吉，应之以乱则凶。强本而节用，则天不能贫；养备而动时，则天不能病；修道而不贰，则天不能祸。（荀况《天论》）

违上顺道，谓之忠臣；违道顺上，谓之谀臣。（荀悦《申鉴》）

羊

郡望

京兆郡。

起源

春秋时期晋国大夫祁盈受封于羊舌，其后人去“舌”以“羊”为姓。

名人

南朝宋书法家羊欣，西晋名臣羊祜，明朝循吏羊可立，当代著名诗人羊令野。

名句

把长长的颈项伸出／投影于一面云水的镜子／右手捧着一轮旭日／左手捧着一弯新月／就这样不舍昼夜地盼望。（羊令野《慈恩塔》）

於（Yū）

郡望

京兆郡。

起源

传说黄帝的孙子受封于於，其后人以先祖封地名为姓。

名人

南宋画家於清言，明朝画家於竹屋，良吏於仲完。

名人故事

於仲完，明朝黄岩人，洪武年间任永新知县。当时该县南乡有人作乱，前来弹压的军官为邀功请赏，欲尽屠南乡。於仲完极力劝阻，从而避免了一场悲剧的发生。南乡人深为感动，生小孩多以仲完姓为名。

惠

郡望

扶风郡。

起源

周惠王的后人以先祖的谥号为姓。

名人

战国时期梁国名臣惠施，清朝经学家惠士奇，学者惠栋。

名人故事

惠施是宋国人，在梁国为相，学问渊博，与庄周有交情。

甄 (Zhēn)

郡望

中山郡。

起源

传说皋陶的儿子仲甄在夏朝做官，被封于甄，其后人以封邑名为姓。

名人

三国时魏文帝曹丕皇后甄宓，南朝宋良吏甄法崇，北周数学家甄鸾，唐朝医学家甄立言，宋朝诗人甄龙友，画家甄慧。

名人故事

甄法崇，南朝宋中山人。宋武帝永初年间任江陵县令，为政清明严整，县境肃然。

麴(Qū)

郡望

汝南郡。

起源

西周时期，负责酿酒的官员为麴人，其子孙以先祖的官职名为姓。

名人

战国时期燕国名臣麴武，西晋左仆射麴允，唐朝诗人麴瞻。

名人故事

麴允，西晋金城人，与游氏同为当地望族。有民谚云：麴与游，牛羊不数头；南开朱门，北望青楼。麴允屡建军功，曾多次击败匈奴军队，斩杀大将。后匈奴攻入长安，晋愍帝投降，麴允亦被俘，因不堪羞辱而自尽。

家

郡望

京兆郡。

起源

周孝王有一个儿子，名家父，其子孙以祖上名为姓。

名人

唐朝著名孝子家师谅，宋朝文人家安国、家定国、家勤国三兄弟，学者家铉翁。

名人故事

家定国，曾任永康司法参军。韩绛治蜀时，曾欲兴劳役，开辟西山道。定国谏曰：蜀地近夷，依仗天险比较安全，如果高山成了坦途，必有后忧。韩绛认为他讲得有道理，遂打消了念头。

封

郡望

渤海郡。

起源

传说炎帝之孙钜，任过黄帝的老师。夏朝时，钜的后裔受封于封，其后人以封地名为姓。

名人

三国时期魏国道学家封衡，北魏名士封玄之，唐朝名臣封德彝，学者封演。

名人故事

封玄之，北魏人。因参与谋反，将被处死。刑前，北魏太宗明元帝对他说，我不让你家绝后，会放过你的一个儿子。玄之请求说，我的侄子磨奴，从小就是孤儿，请保全他的性命。于是，玄之及四个儿子被处死，磨奴得以赦免。

芮 (Ruì)

郡望

平原郡。

起源

周武王封司徒于芮，建芮国。春秋时期，芮国亡于晋，其国人以故国名为姓。

名人

唐朝学者芮挺章，宋朝学者芮煜，良吏芮及言。

名句

少饮酒，饱餐饭。勤出厅，公事办。（芮及言）

羿 (Yì)

郡望

齐郡。

起源

传说上古时期有一位名叫后羿的英雄，其后人以先祖的名为姓。

名人

明初名臣羿忠。

储

郡望

河东郡。

起源

传说上古时期，曾有储国，其后人以国名为姓。

名人

唐朝诗人储光羲，清朝学者储欣、储大文。

名句

日暮长江里，相邀归渡头。落花如有意，来去逐轻舟。（储光羲《江南曲》）

靳 (Jìn)

郡望

西河郡。

起源

战国时期楚国大夫靳尚，受封于靳，其后人以封地名为姓。

名人

唐朝画家靳智翼，宋朝画家靳东发，明朝良吏靳义，清朝水利专家靳辅，现代诗人靳以。

名句

希望使种子发芽，希望使枯树抽条，希望使生命带来了新的生命，希望给人间装点了无数美丽的花朵。（靳以）

汲

郡望

清河郡。

起源

春秋时期卫宣公的太子居住在汲，人称太子汲，其后人便以先祖居住地为姓。

名人

西汉名臣汲黯，北魏兖州从事汲固。

名人故事

汲黯，西汉濮阳人，字长孺。为人刚直，倨傲少礼，常直言犯上。处事果断灵活，又好打抱不平，常常帮助弱小，济危扶倾。主张“无为而治”，但又有政治才能。雄才大略的汉武帝虽不喜汲黯的性格，但对他十分敬重，曾对人说，古人曾讲过国家必有保国安民的大臣，像汲黯就近乎这样的人了。

邴

郡望

平阳郡。

起源

春秋时期，晋国有一位大夫被封于邴地，其后人以先祖封地名为姓。

名人

西汉末名臣邴汉，东汉名士邴原。

名人故事

邴汉，东汉琅邪人。因为政清廉而由地方官调任京兆尹，后再升为太中大夫。王莽执政时，辞官回归乡里。

糜

郡望

汝南郡。

起源

夏朝诸侯有糜的后代以“糜”为姓。

名人

三国魏学者糜信，蜀安汉将军糜竺。

名人故事

糜信，三国时期魏乐平太守，对《春秋》素有研究，著有《春秋说要》《春秋穀梁传注》等。

松

郡望

东莞郡。

起源

相传秦始皇南巡途中遇雨，避雨于一棵松树下。后秦始皇封该树为“五大夫松”，避雨的人有的便以“松”为姓。

名人

隋朝勇士松赟，明朝良吏松冕。

名人故事

松冕，明朝六合人，任长芦盐官。其兄去世较早，他事寡嫂如母。居官严明廉洁，颇有政声。

井

郡望

扶风郡。

起源

周朝时诸侯国虞国有一位大夫，被封于井，其后人以先祖封地名为姓。

名人

东汉高士井丹，明朝户、兵、刑三部给事中井田，循吏井源。

名人故事

井丹，东汉郿人，字大春。自幼熟读经书，博学多才，京城有谚语云：五经纷纶井大春，未尝书刺谒一人。

段

郡望

京兆郡。

起源

春秋时期老子的孙子在晋国，后封于段，其后人以先祖封地名为姓。

名人

唐朝宰相段文昌，名臣段秀实，文学家段成式，宋朝工部郎中段少连，清朝文字训诂学家段玉裁。

名人故事

段少连，宋朝开封人，字希逸。为官后，治理过许多州县，均有政声。性通达敏锐，不论大事小事，均决断如流。为人刚直，不肯趋附权贵，范仲淹称赞他有将帅之才。

富

郡望

齐郡。

起源

周朝有大夫富辰，其后人以先祖名为姓。

名人

唐朝文学家富嘉谟，宋朝名相富弼，元朝文学家富恕。

名人故事

富弼，北宋洛阳人，字彦国。因其卓越才干，在朝中屡任要职，相次为枢密副使、枢密使、同中书门下平章事。先后与文彦博、王安石同为宰相，封郑国公、韩国公。富弼连事三朝，声望颇盛。

巫

郡望

平阳郡。

起源

相传高辛氏的一个孙子受封于巫，其后人以先祖封地名为姓。

名人

春秋时期孔子弟子巫马施，明朝名士巫子秀、巫子肖。

名人故事

巫子秀，明朝兴宁人。子秀智勇双全，他家住的地方，离一土匪巢穴很近。明孝宗弘治年间，他设计将匪首擒住并斩首，土匪对其又恨又怕。一天晚上，土匪包围了子秀家，将其全家杀害，时人无不扼腕痛惜。

乌

郡望

颍川郡。

起源

传说上古时期少昊曾以鸟来命名官名。曾有一位官员名乌鸟氏，掌管山陵，其子孙以先祖官职名为姓。

名人

战国时期秦国猛士乌获，唐朝冀州刺史乌承恩，宰相乌重胤，元朝名士乌冲，明朝学者乌本良，良吏乌濬。

名人故事

乌本良，明朝慈溪人，字性善。自幼好学，与其弟互为师友，博学多才，精经史，通诗词书法。读杨简《己易》，自谓如坐春风中，并以“春风”二字命名自己的书斋，人称“春风先生”。

焦

郡望

中山郡。

起源

周武王封神农氏的后人于焦，后建立焦国。春秋时期，焦国灭于晋，国人以故国名为姓。

名人

西汉经学家焦延寿，东汉名士焦先，南朝梁画家焦宝愿，明朝学者焦竑，清朝经学家、戏曲理论家焦循，辛亥革命烈士焦达峰。

名句

人性所以有仁义者，正以其能变通，异乎物之性也。以己之心通乎人之心，则仁也。知其不宜，变而之乎宜，则义也。仁义由于能变通，人能变通，故性善；物不能变通，故性不善。（焦循《孟子正义·告子上》）

巴

郡望

高平郡。

起源

周朝时，今四川地方有巴国。战国时期，巴国为秦国所灭，国人以故国名为姓。

名人

东汉名士巴肃，清朝书画家巴慰祖。

弓

郡望

太原郡。

起源

春秋时期鲁国有一位大夫，名叫叔弓，其子孙以先祖名为姓。

名人

西汉大臣弓林，唐朝诗人弓嗣初。

牧

郡望

弘农郡。

起源

传说黄帝时期有一位名叫力牧的大臣，其后人以祖先名为姓。

名人

孔子学生牧皮，明朝良吏牧相，现代诗人牧尹。

名句

我们的翅膀／或被粘死／或被撕去／制成美丽的谎言／兜售给观光客（牧尹《蝴蝶标本》）

隗 (Wěi)

郡望

余杭郡。

起源

商汤灭夏后，封夏桀后人于隗，曾建隗国，其后人以国名为姓。

名人

西汉孝子隗相，东汉初上将军隗嚣，三国时期魏国学者隗禧。

名人故事

隗相，西汉僰道县人。隗相的母亲嫌江边的水不干净，一定要江中央的水方饮用，隗相遂划上小船去江中央打水。因水流太急，小船摇摆不定，难以取水。忽然，江中冒出一块大石头，隗相得以系住小船取水。时人都夸隗相是个孝子，汉哀帝时举为孝廉。

山

郡望

河南郡。

起源

周朝时期掌管山林的官员名山师，其后人以祖先官职名为姓。

名人

传说中的仙人山图，晋朝文学家山涛，名士山简。

名人故事

山图，陇西人。少时喜欢骑马，一天，马将其踏伤，折断了脚。一山中道人教他服药，一年后病愈身轻。后随道人遍游名山采药六十余年，回到家中，为母亲守丧一年后又走了，没有人知道他的去向。

谷

郡望

上谷郡。

起源

周朝时，曾封颛顼的后裔于秦谷，并建谷国。后谷国为楚所灭，其国人以故国名为姓。

名人

三国时期吴国政治家谷朗，晋朝名士谷俭，唐朝文学家谷倚，清朝画家谷士恒，史学家谷应泰。

名人故事

谷应泰，清朝丰润人，字赓虞。顺治年间进士，曾任浙江提学佥事，任上考选公正。博览群书，工文章，后专攻经史，有多部著作问世。

车

郡望

京兆郡。

起源

春秋时期秦国公族中，有一位名叫子车仲行的，其后人以其名字中的"车"为姓。

名人

晋朝名臣车胤，唐朝画家车政道，宋朝学者车若水，明朝理学家车瑾，清朝诗人车鼎晋，学者车万育。

名人故事

车胤，晋朝人，字武子。少年时期即勤奋好学，因家境贫寒，夜读时没有点灯的油，车胤便捉来萤火虫放进一只薄纱袋中以照明。进入仕途后，先后任征西长史、吏部尚书等职。车胤以寒素博学知名于世，又善于交际。因此，每有聚会，如他不在场，都说无车公不乐。

侯

郡望

上谷郡。

起源

春秋时期晋国两位侯爵先后为晋武公所杀害，他们的后人逃亡至他国，遂以先祖的爵位为姓。

名人

东汉大臣侯霸，学者侯谨，宋朝词人侯寘，清朝文学家侯方域，当代表演艺术家侯宝林，化学家侯德榜。

名句

明日江郊芳草路，春逐行人去。不似荼蘼开独步，能着意，留春住。（侯寘《四犯令》）

宓 (Fú)

郡望

平昌郡。

起源

传说中的伏羲，又名宓羲。古代“宓”“伏”二字通用，宓姓即出自上古的伏羲氏。

名人

春秋时期孔子学生宓不齐。

名人故事

宓不齐，字子贱。曾经主持单父县治，一边弹琴，一边处理政务，虽不下堂，而无疏漏。孔子称他为君子。

蓬

郡望

长乐郡。

起源

周朝初年周天子封子孙于蓬，其后人以封地名为姓。

名人

晋朝传奇人物蓬球。

名人故事

蓬球，晋朝北海人，字伯坚。晋武帝泰始年间，蓬球进山伐木，忽闻异香扑鼻。他顺着风寻到一处地方，看见一座曲折盘旋的宫殿。进入门中，见四位美丽绝伦的女子正在堂上玩弹棋博戏。蓬球在那里待了一会儿，感到害怕，急忙退出门来。等到他回到家中，已是建兴年间，其旧居早已成了废墟。

全

郡望

京兆郡。

起源

西周时期曾经设立掌管钱财的机构名泉府(古代“钱”“泉”同义),泉府官员的后人以先祖官职名为姓。因古代“泉”“全”通用,泉姓演变成全姓。

名人

三国时吴国大司马全琮,南朝梁医学家全元起,元朝学者全谦孙,清朝学者全祖望。

名人故事

全元起,南朝梁人,医学家。他是注解《素问》的第一人,其医术高明,时称“得元起则生,舍之则死”。

郗(Xī)

郡望

山阳郡。

起源

少昊的后人在周武王时受封于郗,子孙以封地名为姓。

名人

东汉御史大夫郗虑，东晋大臣郗鉴、郗愔，唐朝尚书郗士美。

名人故事

郗士美，唐朝兖州人，字和夫。年十二岁即精通“五经”、《史记》和《汉书》，并都能背诵。其父亲的朋友萧颖士、颜真卿等都为之惊叹。

班

郡望

扶风郡。

起源

传说春秋时期楚国公族若敖之孙出生后被遗弃在野地，吃老虎奶长大，成人后身上布满虎斑纹，于是以“班”为姓(古代“班”“斑”通用)。

名人

西汉经学家班伯，女诗人班婕妤，东汉史学家班彪、班固、班昭，名将班超。

名句

不入虎穴，不得虎子。(班超)

仰

郡望

汝南郡。

起源

秦惠文王有一个儿子，名叫公子卬。公子卬的后人以祖先名加单人旁，以“仰”为姓。

名人

汉朝御史仰祇，宋朝孝子仰忻，明朝大理丞仰瞻。

名人故事

仰瞻，明朝长洲人。为人刚直不阿，在大理丞任上因得罪太监王振而谪戍大同。明代宗景泰初年召为右寺丞，执法更加坚定，在位的很多官员都不喜欢他。仰瞻也懒得搭理那些人，称病归乡了。

秋

郡望

天水郡。

起源

春秋时期，鲁国大夫仲孙湫的孙子胡在陈国为官。其后人以祖先名中“湫”字去掉水旁，以“秋”为姓。

名人

春秋鲁人秋胡，近代民主革命志士秋瑾。

名句

河山触目尽生哀，太息神州几霸才。牧马久惊侵禹域，蛰龙无术起风雷。头颅肯使闲中老，祖国宁甘劫后灰。无限伤心家国恨，长歌慷慨莫徘徊。

（秋瑾《柬某君》）

仲

郡望

中山郡。

起源

商汤之左相，名叫仲虺，其后人以先祖名字为姓。

名人

孔子学生仲由，东汉哲学家仲长统，唐代太常博士仲子陵，清代良吏仲永檀。

名句

六合之内，恣心所欲。人事可遗，何为局促？（仲长统《见志诗》）

伊

郡望

陈留郡。

起源

传说尧帝出生于伊祁山，其后裔中有的以祖先出生地为姓。

名人

商朝名相伊尹，西汉经学家伊推，明朝良吏伊乘，清朝书画家伊秉绶。

名人故事

伊乘，明朝江宁人，字德载，明宪宗成化年间进士。曾任四川按察佥事，每次巡视郡县完毕，便审理冤案、积案，颇有政声。

宫

郡望

太原郡。

起源

春秋时期，鲁国孟僖子的儿子韬受封于南宫，其后人以封地名为姓，并演变为“南”“宫”二姓。

名人

春秋时期虞国大夫宫之奇，东汉道家宫崇，元朝名臣宫钦，清朝画家宫国苞，诗人宫鸿历。

名句

虢，虞之表也；虢亡，虞必从之。晋不可启，寇不可玩。一之谓甚，其可再乎？（宫之奇）

甯

郡望

齐郡。

起源

春秋时期，卫武公的儿子季亹食采于甯，其后人以采邑名为姓。甯、宁原为二姓，今宁姓多为甯姓所改，将二者混写实为错误。现在部分源出甯姓的宁姓，已恢复原姓甯。

名人

春秋时期卫国名臣甯俞，齐国上卿甯戚。

名人故事

甯戚，春秋时期卫国人，颇具才学，因家境贫寒，替人赶车。一天，他赶着牛车进入齐国境内，一边喂牛，一边敲打着牛角唱歌。齐桓公听到后，非常惊异，知道这是个贤才，命管仲将甯戚迎入宫中，拜为上卿。后来甯戚还当上了齐国的国相。

仇

郡望

平阳郡。

起源

夏朝诸侯九吾氏，曾兼九国，后为商纣王所灭。九国后人为避祸，便以故国名加单人旁，为仇姓。

名人

春秋时期宋国名臣仇牧，西汉游侠仇景，东汉循吏仇览，元朝诗人仇远，明朝画家仇英，清朝学者仇兆鳌。

名人故事

仇牧，春秋时期宋国大夫。宋万欲杀害君王，仇牧得知消息后，匆忙赶往宫廷，在宫门与宋万相遇。仇牧持剑怒斥宋万的不轨行为，结果为宋万所害。

栾

郡望

西河郡。

起源

春秋时期，晋国靖侯的孙子被封于栾，其后人以封地名为姓。

名人

春秋时期晋国大夫栾成，西汉名臣栾布，北宋度支员外郎栾崇吉，明朝通政使栾恽。

名人故事

栾成，春秋时期晋国人，晋哀侯时大夫。武公攻打翼城，杀死哀侯。武公对栾成说，你若归顺我，便拜你为上卿。栾成拒绝说，报生以死，报赐以力，人之道也。侍候君主有二心，你还要用吗？于是，栾成挺剑上前，终被杀害。

暴

郡望

魏郡。

起源

商朝有诸侯国暴国。暴国一直沿袭到春秋时期,被郑国所吞并,其国人以故国名为姓。

名人

汉朝御史大夫暴胜之,北齐骠骑大将军暴显,明朝名臣暴昭。

名人故事

暴胜之,汉朝河东人,字公子。暴胜之在汉武帝末年任直指绣衣使者,时郡国内盗贼蜂起,胜之着绣衣,持斧头,追捕盗贼。后主持郡国军务,军纪严明,威震州郡。

甘

郡望

渤海郡。

起源

夏朝曾有甘国,其国人以国名为姓。

名人

战国时期秦国神童甘罗，西汉名臣甘延寿，三国时期吴国大将甘宁，明朝诗人甘瑾。

名句

百战孤城血未干，故人书札报平安。秋风代马思燕草，夜月湘歌怨澧兰。万里江湖仍旅食，百年天地自儒冠。山阴更有诛茅地，仗剑休辞行路难。（甘瑾《寄马彦会》）

钭 (Tǒu)

郡望

辽西郡。

起源

战国时期，齐国田和篡国，将齐康公流放于海上。康公及其随从住山洞，吃野食，以钭（一种酒器）当锅。后来，随从中有人便以"钭"为姓。

名人

北宋初大臣钭滔。

历

郡望

南阳郡。

起源

周朝有诸侯齐厉公，其后人以先祖封号为姓。

名人

唐朝诗人厉玄，五代后梁画家厉归真，清朝学者、文学家厉鹗。

名句

冲风苦爱帽檐斜，历尾无多感岁华。却向东蒙看霁雪，青天乱插玉莲花。（厉鹗《蒙阴》）

戎

郡望

江陵郡。

起源

周朝时有戎国，其国人以国名为姓。

名人

西汉初将领戎赐，唐朝诗人戎昱。

名句

坐到三更尽，归仍万里赊。雪声偏傍竹，寒梦不离家。晓角分残漏，孤灯落碎花。二年随骠骑，辛苦向天涯。（戎昱《桂州腊夜》）

祖

郡望

范阳郡。

起源

商汤的君主有祖甲、祖乙、祖丁，他们的后人以祖先名为姓。

名人

东晋名臣祖逖，南朝宋、齐时科学家祖冲之，唐朝诗人祖咏。

名句

燕台一去客心惊，笳鼓喧喧汉将营。万里寒光生积雪，三边曙色动危旌。沙场烽火连胡月，海畔云山拥蓟城。少小虽非投笔吏，论功还欲请长缨。（祖咏《望蓟门》）

武

郡望

太原郡。

起源

传说周朝周平王的小儿子出生时，手掌上有“武”字纹，周平王便赐其为武姓。

名人

唐朝女皇武则天，名臣武元衡，北宋画家武宗元，元朝戏曲家武汉臣，清末以乞讨兴学闻名的教育家武训。

名句

以诚信为本者，谓之君子；以诈伪为本者，谓之小人。（武则天《臣轨》）

杨柳阴阴细雨晴，残花落尽见流莺。春风一夜吹乡梦，又逐春风到洛城。（武元衡《春兴》）

符

郡望

琅邪郡。

起源

春秋时期，鲁顷公的孙子在秦国掌管符玺，其后人以“符”为姓。

名人

东汉名士符融，唐朝诗人符载，五代后唐赵州刺史符令谦，宋朝江西转运使符行中。

名人故事

符融，东汉浚仪人，字伟明。博学多才，极善言谈。曾师事李膺，深受器重。李膺每次见到符融，总是撇开其他客人而听他说。而每当此时，符融也是“幅巾奋袖，谈辞如云”，李膺每每拊手赞叹。符融亦因此成名。

刘

郡望

彭城郡。

起源

尧帝后裔中，曾有人受封于刘地，其后人以封邑名为姓。

名人

汉高祖刘邦，西汉学者刘安、刘向，东汉光武帝刘秀，南朝梁文学理论家刘勰，唐朝史学家刘知幾，诗人刘希夷、刘禹锡、刘长卿、刘方平、刘采春、刘商、刘皂、刘叉、刘驾、刘沧，宋朝诗人刘过，清朝名臣刘墉，小说家刘鹗，现代文学家刘半农，历史学家刘大年，革命烈士刘胡兰，当代无产阶级革命家刘少奇。

名句

朱雀桥边野草花，乌衣巷口夕阳斜。旧时王谢堂前燕，飞入寻常百姓家。（刘禹锡《乌衣巷》）

三年谪宦此栖迟，万古惟留楚客悲。秋草独寻人去后，寒林空见日斜时。汉文有道恩犹薄，湘水无情吊岂知？寂寂江山摇落处，怜君何事到天涯！（刘长卿《长沙过贾谊宅》）

更深月色半人家，北斗阑干南斗斜。今夜偏知春气暖，虫声新透绿窗纱。（刘方平《月夜》）

景

郡望

晋阳郡。

起源

春秋时期齐景公的后人以先祖的谥号为姓。

名人

战国时期楚国大夫景差,东汉功臣景丹,经学家景鸾,五代后晋名士景延广,清朝书法家景星杓。

名人故事

刘秀定都洛阳后,对诸将论功封赏,其他人都对自己的封地表示满意,只有景丹不想要栎阳为封地。刘秀对景丹说,富贵之后不回故乡,如衣绣夜行,没人知道,所以才把你的故乡栎阳给你做封地。景丹这才接受。

詹

郡望

河间郡。

起源

周宣王之子受封于詹,建立詹国,其后人以封地名为姓。

名人

宋朝学者詹体仁，抗金将领詹世勋，明代书画家詹景凤，清朝铁路工程师詹天佑，当代诗人詹澈。

名句

勿屈己以徇人，勿沽名而钓誉。（詹天佑）

我是花下的泥土了 / 请将我坚实而长久的养料 / 升华为你的血液（詹澈《菊花颂》）

束

郡望

南阳郡。

起源

战国时期，齐国有踈族，其后人去掉足旁，以束为姓。

名人

晋朝史学家束皙，元朝画家束宗庚，明朝良吏束清。

名人故事

束清，明朝丹徒人。明太祖洪武年间任万载知县，廉洁耿介，爱民如子。百姓如有缴不起租税的，束清常常卖掉自己的衣物来为其代偿。

龙

郡望

武陵郡。

起源

传说，黄帝的一个裔孙董父，喜欢养龙，被封为豢龙氏，其后人便以龙为姓。

名人

东汉良吏龙述，宋朝画家龙章、龙显，元朝学者龙仁夫，清朝经学家龙启瑞。

名句

万物生于神，养于神，故神聚则强，神王则昌，神衰则病，神散则亡。（龙启瑞）

叶

郡望

南阳郡。

起源

春秋时期，楚庄王的裔孙沈诸梁受封于叶，并建立叶国，其后人以封国名为姓。

名人

唐朝道教天师叶法善，南宋文学家叶梦得，哲学家叶適，元朝名臣叶李，明朝戏剧作家叶宪祖，清朝文学家叶燮，医学家叶天士，现代无产阶级革命家、军事家叶剑英，新四军军长、革命烈士叶挺，语言学家叶圣陶。

名句

落花已作风前舞，又送黄昏雨。晓来庭院半残红，惟有游丝千丈袅晴空。　殷勤花下同携手，更尽杯中酒。美人不用敛蛾眉，我亦多情无奈酒阑时。（叶梦得《虞美人》）

幸

郡望

雁门郡。

起源

古代君王身边幸臣的后人以祖先受到宠幸为荣，遂以“幸”为姓。

名人

唐代教育家幸南容，宋代名儒幸思顺。

司

郡望

顿丘郡。

起源

春秋时期郑国有一位大夫，名叫司臣，其后人以先祖名为姓。

名人

宋朝名将司超，元朝名士司居敬，学者司良辅，明朝名医司轲。

韶

郡望

太原郡。

起源

传说舜帝时期，有专司音乐的官员，制作《韶乐》。乐官后人以乐曲名为姓。

名人

明朝按察佥事韶护。

名人故事

韶护，明朝岐山人。明太祖洪武年间在户部主事任上贬谪至昆山，任典史。任上勤政廉洁，恪尽职守，处理公务，毫无凝滞。

郜

郡望

京兆郡。

起源

周文王儿子封于郜，其子孙以封地名为姓。

名人

元朝诗人郜知章，清朝学者郜坦，画家郜琏。

名人故事

郜琏，清朝如皋人，字方壶。曾任台州参军。郜琏喜好游山玩水，五岳中游览了其中三座。又工画，尤长于画芭蕉，其芭蕉画传到日本，被视为珍品。

黎

郡望

京兆郡。

起源

上古传说中的人物颛顼之孙受封于黎阳，建立黎国，后人以国名为姓。

名人

北周学者黎景熙，宋朝学者黎靖德，明朝诗人黎贞，清朝诗人、书画家黎简，学者黎庶昌，现代语言学家黎锦熙，音乐家黎锦晖。

名句

村饮家家醵酒钱，竹枝篱外野塘边。谷丝久倍寻常价，父老休谈少壮年。细雨人归芳草晚，东风牛藉落花眠。秧苗已长桑芽短，忙甚春分寒食天。（黎简《村饮》）

蓟

郡望

内黄郡。

起源

周武王封黄帝的后裔于蓟，建蓟国，国人以封国名为姓。

名人

东汉传奇人物蓟子训。

薄

郡望

雁门郡。

起源

春秋时期，宋国一位大夫曾受封于薄，其后人以封地名为姓。

名人

西汉中大夫薄昭，南朝宋书法家薄绍之，明朝兵器专家薄珏。

名人故事

薄绍之，南朝宋丹阳人，字敬叔，官至给事中。薄绍之善书法，行草尤其潇洒。

印

郡望

冯翊郡。

起源

春秋时期郑穆公有儿子名印段，其子孙以先祖名为姓。

名人

宋朝温州知府印应雷，户部侍郎印应飞，明朝良吏印宝。

名人故事

印应雷，宋朝通州人。去温州上任时，恰逢州中部分士兵作乱，上司准备调婺州军队前来弹压。印应雷婉谢了，仅带着一名仆人赴任。到温州后，他用计设宴，有作乱者来窥视者，立即抓住斩首，余党悉数散去。大家都很佩服应雷的大智大勇。

宿

郡望

东平郡。

起源

周武王封伏羲的后人于宿，建宿国，后人以国名为姓。

名人

汉朝上党太守宿仓舒，北魏吏部尚书宿石，明朝名臣宿进。

白

郡望

南阳郡。

起源

春秋时期，秦文公的儿子名公白，其子孙以祖先名为姓。

名人

战国时期秦国名将白起，唐朝诗人白居易、白行简，宋朝学者白玉蟾，元朝戏剧作家白朴，明朝水利专家白英。

名句

离离原上草，一岁一枯荣。野火烧不尽，春风吹又生。远芳侵古道，晴翠接荒城。又送王孙去，萋萋满别情。（白居易《赋得古原草送别》）

春山暖日和风，阑干楼阁帘栊，杨柳秋千院中。啼莺舞燕，小桥流水飞红。（白朴《天净沙·春》）

怀

郡望

河内郡。

起源

周武王的一个弟弟叔虞先封于怀，后封于晋，叔虞的一些后人便以“怀”为姓。

名人

三国时期吴国尚书怀叙，清朝学者怀应聘。

蒲

郡望

河东郡。

起源

夏朝曾封舜帝后裔于蒲州，后人以蒲为姓。

名人

五代后蜀画家蒲思训，宋朝良吏蒲宗孟，元朝散曲家蒲道源，清朝文学家蒲松龄。

名句

天下之事，成于有志，而败于自辍。（蒲道源《送罗寿甫北上序》）

有志者，事竟成，破釜沉舟，百二秦关终属楚；苦心人，天不负，卧薪尝胆，三千越甲可吞吴。（蒲松龄）

郜

郡望

平卢郡。

起源

传说尧帝曾封后稷于郜，后稷的一些子孙便以“郜”为姓。

名人

明朝孝子郜茂质，当代情歌王子郜正宵。

名人故事

郜茂质，明朝慈利人，以孝闻名。其母惧怕打雷，每次打雷，茂质必以身遮护。母亲去世后，每逢雷雨天，茂质必张盖于母亲坟上，直到雷声停息才离开。

从

郡望

东莞郡。

起源

周平王将小儿子精英封于枞，后建枞国。其后人以国名为姓，后去掉木旁，以“从”为姓。

名人

明朝怀庆知府从龙，安陆卫指挥使良吏从贞。

名人故事

从贞，明朝繁昌人，字云峰。贞为官清廉节俭，如同寒士。主管漕运工作，非常爱惜士卒，为百姓所称道。

鄂

郡望

武昌郡。

起源

春秋时期，晋哀侯光封于鄂，其后人以先祖爵位名为姓。

名人

西汉安平侯鄂千秋。

索

郡望

武威郡。

起源

殷商时期有七族，索氏为其中一支。周武王灭商后，将索氏一族迁往鲁定居，其后人以“索”为姓。

名人

晋朝书法家索靖，后唐右龙武将军索自通。

名人故事

索靖，晋朝敦煌人，举贤良方正，对策高第。晋武帝时任尚书郎，与尚书卫瓘同以草书闻名。晋惠帝时，封索靖为关内侯。索靖有先见之明，他预测天下将大乱，曾指着洛阳东门铜骆驼说：我将在荆棘中见到你。不久，即发生“八王之乱”。

咸

郡望

汝南郡。

起源

传说黄帝时期有掌管卜筮的官员，名巫咸，其后人以先祖官职名为姓。

名人

战国时期孟子学生咸丘蒙，唐朝开元年间“十八学士”之一咸冀，明初学者咸惟一。

名人故事

咸惟一，明朝莱阳人。精通“五经”。元末天下大乱，惟一隐居不仕。明太祖洪武初年以明经授惟一为本县训导。其时，战乱刚刚结束，惟一讲明伦理，剖析经义，大家方才开始学习儒家经典。

籍

郡望

广平郡。

起源

春秋时期，晋国大夫荀林父的孙子掌管文献典籍，其后人遂以“籍”为姓。

名人

春秋时期晋国大夫籍谈，明朝著名孝子籍馨芳。

名人故事

籍馨芳，明朝内黄人。他哀痛父亲早逝，便在陵墓旁守陵，并诵经三年。后来乡邻将他迎回家中。

赖

郡望

颍川郡。

起源

周武王封其弟叔颖于赖，建赖国。后来，赖国为楚灵王所灭，逃亡在外的部分贵族以故国名为姓。

名人

宋朝地理学家赖文俊，元朝孝子赖禄孙，清朝画家赖珍，太平天国将领赖文光。

名人故事

赖禄孙，汀州宁化人。元仁宗延祐年间，江西强盗盛行，禄孙背着母亲携着妻儿躲进山中。强盗追进山里，禄孙守着母亲不愿逃走。强盗要杀其母，禄孙以身体挡住母亲说，宁杀我，勿伤我母。当时，其母口渴，禄孙用自己的唾液注入其母口中。强盗见状，不忍加害。有强盗欲抢掠禄孙妻子，其他强盗谴责说，为何要侮辱孝子的妻子呢？于是，强盗便放过了禄孙一家。

卓

郡望

西河郡。

起源

春秋时期，楚威王儿子名公子卓，其后人以祖先名为姓。

名人

汉朝才女卓文君，名臣卓茂，明朝画家卓迪，学者卓明卿，清朝名臣卓秉恬。

名句

皑如山上雪，皎若云间月。闻君有两意，故来相决绝。今日斗酒会，明旦沟水头。躞蹀御沟上，沟水东西流。凄凄复凄凄，嫁女不须啼。愿得一心人，白头不相离！竹竿何袅袅，鱼尾何簁簁。男儿重意气，何用钱刀为。

（卓文君《白头吟》）

蔺

郡望

中山郡。

起源

春秋时期，晋国大夫韩厥的支系孙子康，封于蔺地，其后人以封地名为姓。

名人

战国时期赵国名相蔺相如，南北朝名将蔺子云，明朝翰林院编修蔺从善。

名句

先国家之急而后私仇。（蔺相如）

屠

郡望

陈留郡。

起源

传说黄帝与蚩尤作战，蚩尤败北被杀。为绝后患，黄帝把蚩尤的族人分散到各地居住。其中，居于屠的人便以“屠”为姓。

名人

春秋时期晋国太史屠余，明朝文学家屠隆，清朝文学家屠倬。

名句

彭城临广岸，俯仰霸图空。白日照残雪，黄河多烈风。所嗟人向北，不似水流东。回首沧溟曲，山山云雾中。（屠隆《彭城渡黄河》）

蒙

郡望

安定郡。

起源

夏朝时，颛顼后裔受封于蒙双，其后人有以封地名中“蒙”为姓。

名人

秦朝名将蒙恬，唐朝南诏王蒙归义，明朝右佥都御史蒙诏。

名人故事

蒙恬，秦朝人。秦始皇统一天下后，命蒙恬率军三十余万，先是平定北方，后修筑长城，西起辽东，东至临洮。蒙恬还是毛笔的发明者。

池

郡望

西河郡。

起源

战国时期，秦国司马公子池的后人以“池”为姓。

名人

明朝学者池显方，太常寺少卿池浴德，清朝国子监司业池生春。

名人故事

池浴德，明朝同安人，嘉靖进士。曾任遂昌知县，处理公务听断明决，颇有政声。

乔

郡望

梁郡。

起源

黄帝死后，葬在陕西桥山，其守灵者以“桥”为姓。后去掉木旁，成为乔姓。

名人

东汉太尉乔玄，唐朝左司郎中乔知之，元朝散曲家乔吉，明代大臣乔宇，清朝学者乔莱。

名句

朝三暮四，昨非今是，痴儿不解荣枯事。攒家私，宠花枝，黄金壮起荒淫志，千百锭买张招状纸。身，已至此；心，犹未死。（乔吉《山坡羊》）

阴

郡望

始兴郡。

起源

春秋时期齐国政治家管仲之孙名修，在楚国做官，封为阴大夫，其后人以先祖封号为姓。

名人

东汉光武帝皇后阴丽华，南朝梁、陈诗人阴铿，清朝学者阴承方。

名句

依然临江渚，长望倚河津。鼓声随听绝，帆势与云邻。泊处空余鸟，离亭已散人。林寒正下叶，钓晚欲收纶。如何相背远，江汉与城闉。（阴铿《江津送刘光禄不及》）

鬱 (Yù)

郡望

太原郡。

起源

与“蔚”姓同源，二者音同，后来即有“蔚”姓改为“鬱”姓者。另说源自大禹之师鬱华，其为“鬱”姓之始。今“鬱”姓多合入“郁”姓。

名人

古仙人鬱林，宋朝保静军节度使鬱昭敏，明朝颍川卫知事鬱让。

胥

郡望

琅邪郡。

起源

春秋时期晋国有大夫名胥臣，其后人以先祖名为姓。

名人

北宋良吏胥偃，南宋初年名士胥作霖，明朝名臣胥必彰。

名人故事

胥作霖，南宋宜黄人，字泽民。身材魁伟，智勇双全，为乡邻所敬重。时有盗贼窥视临川，乡中子弟欲伺机而动，抗击盗贼。作霖详细分析祸福利弊，众人无不听命，跟随他一起抵御强盗，临川全境得以安宁。

能

郡望

太原郡。

起源

楚国先祖熊挚受封于夔，建夔国，国人以“熊”为姓。后来，夔国灭于楚，其国人为避祸，将“熊”去掉四点底，成为“能”姓。

名人

春秋时期齐国直言之士能意，唐朝大将能元皓，清代学者能图。

苍

郡望

武陵郡。

起源

传说颛顼帝时代有才子八人，其中一位名苍舒，其后人以先祖名为姓。

名人

传说中汉字发明者苍颉（也作“仓颉”），汉朝江太守苍英，三国时期魏敦煌太守苍慈（也作“仓慈”）。

名人故事

苍颉，传说是黄帝的左史。苍颉相貌奇异，长着四只眼睛，能观鸟兽足迹和体形而造字。

双

郡望

天水郡。

起源

夏朝时，颛顼后裔受封于蒙双，其后人有以封地名中“双”为姓。

名人

南朝宋名士双泰贞，宋朝良吏双渐，清朝江南提督双林。

名人故事

双泰贞，南朝宋随郡人，有勇力。沈攸之镇守荆州时，招集四方才俊之士，泰贞因侍奉母亲，不愿前往。不久，泰贞出外做生意，到了江陵，被沈攸之留补副队长。不几日，泰贞逃走，沈攸之派二十名全副武装的士兵追赶，泰贞连杀数人，其他人不敢靠近，便转而去拘捕泰贞的母亲。泰贞听说母亲被抓，便去见沈攸之。沈攸之没有处罚他，说，这是孝子啊！于是赏钱一万，并越级将泰贞补成正队长。

闻

郡望

吴兴郡。

起源

上古闻人氏的后代以“闻”为姓。

名人

宋朝画家闻秀才，明朝吏部尚书闻渊，清朝学者闻珽，现代学者、诗人闻一多。

名句

人家是说了再做，我是做了再说；人家说了也不一定做，我是做了也不一定说。（闻一多）

莘

郡望

天水郡。

起源

夏朝君主启封帝喾的后裔挚于莘，其后人以封地名为姓。

名人

明朝良吏莘野，清朝书画家莘开。

名人故事

莘野，明朝归安人，字叔耕。博学强记，擅长写文章。明太祖洪武初年以明经授莘野为本县儒学训导，后升为枣强知县，颇有政声，时称贤令。

党

郡望

冯翊郡。

起源

夏禹的后裔世居党项，有些后人以“党”为姓。

名人

宋朝忠武军节度使党进，金朝翰林学士党怀英，清朝名士“党”湛。

名句

人生须做天地间第一等事，为天地间第一等人。（党湛）

翟

郡望

南阳郡。

起源

黄帝的部分后裔居于翟，以翟为姓。

名人

西汉宰相翟方进，晋朝名士翟汤，唐朝画家翟琰，宋朝古董收藏家翟敦仁，清朝学者翟灏。

名句

衣冠不正，朋友之过。（翟灏《通俗篇》）

谭

郡望

齐郡。

起源

周朝初年，颛顼后裔受封于谭，建谭国，其后人以封国名为姓。

名人

东汉隐士谭贤，明末诗人谭元春，近代“戊戌变法”先驱、政治家谭嗣同，民国时期国民政府主席谭延闿，现代无产阶级革命家谭震林。

名句

蜀川兵定人静，老友天寒信来。莫怪草堂深闭，小桥边有门开。（谭元春《得蜀中故人书》）

望门投止思张俭，忍死须臾待杜根。我自横刀向天笑，去留肝胆两昆仑。（谭嗣同《狱中题壁》）

贡

郡望

广平郡。

起源

孔子学生子贡的后人以先祖名为姓。

名人

西汉名臣贡禹，南宋抗金将领贡祖文，元朝学者贡奎，史学家贡师道，明朝御史贡安甫，名士贡镛。

名人故事

贡镛，明朝人，字元声，为人淳厚谨慎。一天夜里，一小偷潜入他家，被贡镛家人抓获。贡镛命家人不要点蜡烛，还送布匹、粮食给小偷，让他走了。家人不解，贡镛解释说，一旦我们看清了这个人，他这一辈子就没脸见人了。乡里有人患病，很多人都回避病者，唯独贡镛独自带着药前往探望。贡镛平生不去城市，以古代有迹无名的隐士自况。

劳

郡望

武阳郡。

起源

东海崂山的原住民，汉朝初年开始与外界相通，汉王朝赐姓劳。

名人

明朝良吏劳钺、劳樟，清朝文学家劳孝舆，清末学者劳乃宣。

名人故事

劳樟，明朝崇德人。明世宗嘉靖年间任罗田知县，任期内除弊兴利，保境安民，深受百姓拥戴。离任之日，百姓号泣载道。

逄 (Páng)

郡望

谯郡。

起源

商朝曾封炎帝后裔陵于逄，后建逄国，其后人以封国名为姓。

名人

春秋时期越国大夫逄同，陈国大夫逄滑，东汉名士逄萌，宋朝文天祥部将逄龙。

名人故事

逄萌，东汉北海人，字子庆，家贫，任亭长。逄萌去长安，正值王莽杀了自己的儿子。他对朋友说，三纲没有了，不走就会大祸临头。于是携家属渡海去了辽东。汉光武帝即位后，逄萌又迁到崂山养志修道。官府屡次召他，均被他婉拒。

姬

郡望

南阳郡。

起源

传说黄帝生于寿丘，长于姬水，其部分后人以“姬”为姓。

名人

周文王姬昌，周武王姬发，西周政治家姬旦，金国同知汝州防御使姬汝作，明朝良吏姬珪。

名人故事

姬珪，明朝博野人。明成祖永乐年间任知府，其任期内，政治清明，诉讼少见，百姓安居乐业；任期满后，百姓赴京城极力挽留。

申

郡望

琅邪郡。

起源

炎帝后裔曾受封于申，后建申国，其后人以封国名为姓。

名人

春秋时期楚国名臣申包胥，战国时期韩国政治家申不害，西汉大臣申屠嘉，明朝医学家申相，清朝诗人申涵光。

名句

贫贱时眼中不着富贵，富贵时意中不忘贫贱。（申涵光）

扶

郡望

京兆郡。

起源

传说夏禹时期有一位大臣，名扶登氏，其后人以先祖名为姓。

名人

汉朝学者扶少明，北周刺史扶猛，明朝巡抚扶克俭。

名人故事

扶猛，北周人，在梁作官。在罗州刺史任上，随大军南征，所部逢山开路，遇水搭桥，历尽艰辛，进入白帝城，抚慰边民，大家都高兴地依附于他。

堵

郡望

河东郡。

起源

春秋时期郑国大夫泄寇被封于堵，其后人以封邑名为姓。

名人

元朝诗人堵简，明朝兵部尚书堵允锡，清朝女画家堵霞。

名人故事

堵允锡，明朝无锡人，字仲缄，明思宗崇祯年间进士。以户部郎中知长沙府期间率领乡兵击败山贼，很多人由此知道他善于用兵。后授湖北巡抚，驻常德，招抚三十万降兵，军威大振。

冉

郡望

武陵郡。

起源

周武王封其弟季载于冉，建冉国，其后人以国名为姓。

名人

孔子学生冉求，明朝兵科都给事中冉通，清朝经学家冉永光。

名人故事

冉通，明朝万县人，明太祖洪武年间进士。为人正直耿介，面折廷争，直声动天下。

宰

郡望

西河郡。

起源

周朝大夫宰孔的后人以先祖名为姓。

名人

孔子学生宰予，明朝孝子宰应文。

名人故事

宰应文，明朝江宁人。早年父母双亡，及至成年，便用木头雕出父母肖像，事之如生，出入都向雕像报告。

郦

郡望

新蔡郡。

起源

夏禹封黄帝后人于郦，后建郦国，其后人以封国名为姓。

名人

西汉谋士郦食其，右丞相郦商，东汉诗人郦炎，北魏地理学家郦道元，明朝学者郦光祖。

名句

至于夏水襄陵，沿溯阻绝，或王命急宣，有时朝发白帝，暮到江陵，其间千二百里，虽乘奔御风，不以疾也。（郦道元《水经注》）

雍

郡望

京兆郡。

起源

周武王封其弟于雍，世称雍伯，其后人以封地名为姓。

名人

唐朝诗人、简州刺史雍陶，宋朝隐士雍存，明朝监察御史雍焯，围棋国手雍熙日。

名句

烟波不动影沉沉，碧色全无翠色深。疑是水仙梳洗处，一螺青黛镜中心。（雍陶《题君山》）

郤 (Xì)

郡望

济阳郡。

起源

春秋时期，晋国公族子弟叔虎因战功，被封于郤，其后人以先祖封地名为姓。

名人

三国时期蜀国巴西郡太守郤正，晋朝雍州刺史郤诜，明朝临漳知县郤忠。

名句

臣举贤良，对策为天下第一，犹桂林之一枝，昆山之片玉。（郤诜）

璩 (Qú)

郡望

豫章郡。

起源

璩是一种玉制成的耳环，一般认为最先制作这种耳环的人为“璩”姓的祖先。

名人

明朝书法家璩光岳，广东道御史璩伯昆。

名人故事

璩伯昆，明朝桐城人，字山甫，年轻时即以才学闻名。明思宗崇祯年间任江西武宁县令，任期内政治清明，诉讼少见，尤注重文化教育，颇有政声。

桑

郡望

黎阳郡。

起源

春秋时期秦国大夫公孙枝，字子桑，其后人以先祖字为姓。

名人

西汉名臣桑弘羊，东汉学者桑钦，清朝工部主事桑调元。

名句

吴下无斯墓，要离冢亦孤。义声嘘侠烈，悲吊有屠沽。阘冗朝廷党，峥嵘里巷夫。田横岛中士，足敌五人无？（桑调元《五人墓》）

桂

郡望

天水郡。

起源

秦始皇焚书坑儒时，博士姬季桢遇难，其弟姬季珪为避祸，以自己名字中“珪”的谐音字“桂”作为自己的姓氏。

名人

明朝学者桂彦良，大臣桂萼，良吏桂伯谅，清朝书法家、湖南按察使桂中行。

名人故事

桂伯谅，明朝慈溪人，字守诚。明武宗正德年间举人，任龙泉知县，颇有政绩，后升为铜仁知府。退休时，老百姓拥在道旁，哭泣挽留。

濮

郡望

鲁郡。

起源

舜帝的后裔受封于濮，其后人以封邑名为姓。

名人

宋朝画家濮万年、濮道兴，明朝名将濮英，清朝名士濮仲谦。

名人故事

濮仲谦，清朝江宁人。善于刻竹，往往勾勒数刀，便不同凡物。

牛

郡望

陇西郡。

起源

商汤后裔宋微子的裔孙名牛父，其后人以先祖名为姓。

名人

唐朝大臣牛僧孺，诗人牛峤，五代词人牛希济，宋朝名臣牛大年，抗金名将牛皋，明朝末年李自成谋士牛金星。

名句

鸡鹈飞起郡城东。碧江空，半滩风。越王宫殿，蘋叶藕花中。帘卷水楼鱼浪起，千片雪，雨濛濛。（牛峤《江城子》）

春山烟欲收，天淡星稀小。残月脸边明，别泪临清晓。 语已多，情未了，回首犹重道：记得绿罗裙，处处怜芳草。（牛希济《生查子》）

寿

郡望

京兆郡。

起源

春秋时期有吴王寿梦，其子孙以先祖名为姓。

名人

西晋学者寿良，清朝黑龙江将军寿山。

名人故事

寿山，清朝黑龙江人。清德宗光绪年间，奉命抵御俄国入侵军。俄军下书，要求借道赴沈阳，为寿山所拒绝。俄军兵临城下，欲用大炮轰城，寿山派人前去议和，而自己服毒而死。遗书中称："不战无以卫陪京，不和无以全民命，谨以一死自明。"

通

郡望

西河郡。

起源

春秋时期，巴国大夫受封于通川，其后人以封邑名为姓。

名人

明朝良吏通本仁。

名人故事

通本仁，明朝香河人。宣德时任朔州判官，有德政，深受百姓爱戴。

边

郡望

陇西郡。

起源

商朝时有边国，其后人以国名为姓。

名人

唐朝画家边鸾，明朝诗人边贡，画家边景昭。

名句

丞相英灵迥未消，绛帷灯火飒寒飙。黄冠日月胡云断，碧血山河龙驭遥。花外子规燕市月，水边精卫浙江潮。祠堂亦有西湖树，不遣南枝向北朝。（边贡《谒文山祠》）

扈

郡望

京兆郡。

起源

夏朝时有扈国，其后人以国名为姓。

名人

宋朝史学家、文学家扈蒙，抗金名将扈再兴，明朝凤翔知府扈暹。

名人故事

扈再兴，宋朝淮人，字叔起。极有勇力，又善于随机应变。每次作战时，都披散着头发，光着上身，赤着脚，挥舞双刀，冲锋陷阵，金兵见状，人马均避让不迭。金兵几次来犯，再兴无日不战，金兵为之胆寒。

燕

郡望

范阳郡。

起源

西周初年，周武王封召公奭于燕，其后人以封地名为姓。

名人

隋朝大将军燕荣，宋朝发明家燕肃，武信军节度使燕达，画家燕文贵，元朝湖广行省右丞燕公楠。

名人故事

燕达，宋朝开封人，字逢辰。燕达虽行伍出身，但喜好读书。宋神宗曾经向他询问，用兵首要的是什么。燕达回答说，没有什么比爱更重要的了。神宗问，有爱，没有威可以吗？燕达回答，并不是不需要威，但爱应放在前面。

冀

郡望

渤海郡。

起源

春秋时期晋国大夫郤芮之子受封于冀，其后人以封邑名为姓。

名人

北周名臣、书法家冀俊，金代诗人冀禹锡，清朝学者冀如锡，现代政治家冀朝鼎，外交家冀朝铸，诗人冀汸。

名句

——杜鹃花 / 你红得好寂寞 /——不，我等待你们 / 我怕你们 / 走过这里的时候 / 太寂寞（冀汸《杜鹃花》）

郏

郡望

武陵郡。

起源

周成王曾定都于郏鄏，其后裔有的以国都名为姓。

名人

宋朝水利专家郏亶，名士郏元鼎，清朝画家郏抡逵。

名人故事

郑元鼎，宋朝宜春人，字宝之。郑元鼎受业于当时的大学者郑铨，博学广闻，对经传尤有研究。

浦

郡望

京兆郡。

起源

春秋时期晋国大夫浦跞之后以先祖名为姓。

名人

明朝学者浦南金，诗人浦源，藏书家浦杲，监察御史浦镛，清朝学者浦起龙。

名句

长江风飏布帆轻，西入荆门感客情。三国已亡遗旧垒，几家犹在住荒城。云边路绕巴山色，树里河流汉水声。此去郢中应有赋，千秋白雪待君赓。（浦源《送人之荆门》）

尚

郡望

上党郡。

起源

姜尚辅佐周武王灭商，开国后受封于齐，其后人以先祖名为姓。

名人

唐朝尚书右仆射尚可孤，宋朝副指挥使尚祚，元朝戏曲家尚仲贤，清朝平南王尚可喜。

名人故事

尚祚，宋真宗景德年间勇将，善于使锤。一次与契丹军队作战，尚祚杀入敌阵，斩杀百余人，终因寡不敌众而阵亡。

农

郡望

雁门郡。

起源

神农氏后裔在西周时被封为农正，掌管农业，其后人以先祖官职名为姓。

名人

明朝名儒农益、农志科，民国初年爱国实业家农劲荪。

温

郡望

平原郡。

起源

周武王之子叔虞之后受封于温，建温国，其后人以封邑名为姓。

名人

西晋名臣温峤，北魏文学家温子昇，唐朝礼部尚书温大雅，词人温庭筠，明朝学者温良，东阁大学士温体仁。

名句

梳洗罢，独倚望江楼。过尽千帆皆不是，斜晖脉脉水悠悠。肠断白蘋洲。（温庭筠《望江南》）

别

郡望

京兆郡。

起源

古代诸侯和卿大夫长子，世为宗子；宗子的次子，世为小宗；小宗的次子为别子。古代宗法制度规定别子不能姓祖父的姓。于是，有的人即以“别”为姓。

名人

宋朝兵部尚书别之杰，元朝丞相别不花。

名人故事

别不花，元文宗时丞相。致和元年，泰定帝崩，他助燕铁木儿拥图帖睦尔为帝，后任中书左丞相。文宗天历元年加太保，翌年以受贿罢相。

庄

郡望

天水郡。

起源

楚庄王的子孙以先祖谥号为姓。

名人

战国时期思想家庄周，楚国将军庄蹻，西汉辞赋家庄忌，元朝藏书家庄肃，清朝书法家庄有恭，经学家庄有可，诗人庄棫。

名句

城上斜阳依碧树。门外斑骓，见了还相顾。玉勒珠鞭何处住？回头不觉天将暮。 风里余花都散去。不省分开，何日能重遇？凝睇窥君君莫误，几多心事从君诉。（庄棫《蝶恋花》）

晏

郡望

齐郡。

起源

祝融氏的后裔陆终第五子名晏安，其后人以先祖名为姓。

名人

春秋时期齐国名臣晏婴，宋朝词人晏殊、晏幾道，明朝诗人晏铎，清朝湖北巡按晏斯盛。

名句

下无直辞，上多隐恶。（晏婴）

一曲新词酒一杯，去年天气旧亭台，夕阳西下几时回？　无可奈何花落去，似曾相识燕归来，小园香径独徘徊。（晏殊《浣溪沙》）

梦后楼台高锁，酒醒帘幕低垂。去年春恨却来时，落花人独立，微雨燕双飞。　记得小蘋初见，两重心字罗衣。琵琶弦上说相思，当时明月在，曾照彩云归。（晏幾道《临江仙》）

柴

郡望

平阳郡。

起源

春秋时期齐国公族的后裔中，有一人叫高柴，高柴的孙子以祖父名为姓，叫柴举，遂开柴姓先河。

名人

唐朝霍国公柴绍，五代后周世宗柴荣，宋朝枢密副使柴禹锡，明朝开国功臣柴虎，清朝诗人柴杰。

名人故事

柴杰，字临川，钱塘人。乾隆二十一年举人，官至国子监助教。性情孤

介，曾主讲端溪书院，编有《浙人诗存》

瞿

郡望

松阳郡。

起源

商朝一位大夫受封于瞿，人称瞿父，其后人以先祖名为姓。

名人

唐朝黄州刺史瞿章，明朝诗人瞿佑，抗清将领瞿式耜，清朝金石学家瞿中溶，现代无产阶级革命家瞿秋白。

名句

年逾六十复奚求？多难频经浑不愁。劫运千年弹指到，纲常万古一身留。欲坚道力凭魔力，何事俘囚学楚囚！了却人间生死业，黄冠莫拟故乡游。（瞿式耜《狱中》）

阎

郡望

太原郡。

起源

西周初年，周武王封太伯的曾孙于阎乡，其后人以封邑名为姓。

名人

春秋时期楚国大夫阎敖，东汉车骑将军阎显，唐朝建筑、工程学家阎立德，画家阎立本，五代后蜀词人阎选，宋朝画家阎仲，清朝诗人阎尔梅，经学、考据家阎若璩。

名句

寂寞流苏冷绣茵，倚屏山枕惹香尘，小庭花露泣浓春。 刘阮信非仙洞客，嫦娥终是月中人，此生无路访东邻。（阎选《浣溪沙》）

充

郡望

太原郡。

起源

周朝设充人官职，负责饲养祭祀用的牲畜，其后人以先祖官职名为姓。

名人

战国时期孟子学生充虞，秦朝方士充尚，汉朝名士充向。

慕

郡望

敦煌郡。

起源

帝喾的后裔中有一族名为慕容氏，其中有的后人以慕为姓。

名人

元朝刑部侍郎慕完，清朝江苏巡抚慕天颜。

名人故事

慕完，元朝新乡人。善于断狱，执法公正，元明宗至顺年间封魏郡公。

连

郡望

上党郡。

起源

春秋时期齐国公族大夫连称的后人以先祖名为姓。

名人

宋朝贤人连庶、连庠兄弟，名士连久道，广东经略安抚使连南夫，明朝江西布政使连均，副都御史连标。

名人故事

连久道，宋朝人，字可久。自幼聪明，十二岁时即能作诗。一次，父亲带他去见学者熊曲肱，久道当场赋《清平乐·渔父》词一首。熊曲肱也回赠了一首诗，并说，这个小孩在富贵中留不住。后来，久道果然学道。

茹

郡望

河内郡。

起源

如姓之后人加草头成为茹姓。

名人

北魏兖州阳平太守茹让之，将军茹皓，唐朝水利专家茹汝升，宋朝都官员外郎茹孝标，明朝画家茹洪，长沙知府茹连，清朝学者茹棻。

名人故事

茹连，明朝新会人，明太祖洪武年间举人。在长沙知府任上，严于律己，不受私请，不受私托。茹连在京城任刑部员外郎期间，有一位县令来京城办事，这位县令与茹连是同乡，茹连因而去拜访他。该县令摆了一桌酒席，席上，金银器具毕备。茹连见状，怫然作色，说，你若不是搜刮老百姓，何以会是这个样子！说完，便拂袖而去。

刁

郡望

东阳郡。

起源

上古时曾有刁国，亡国后，国人以故国名为姓。

名人

东汉汶山太守习承业，三国时期吴国武昌太守习温，蜀国零陵北部都尉习珍，晋朝学者习凿齿，明朝詹事府詹事习经。

名句

吾闻生于乱世，贵而能贫，始可以亡患，况复以侈靡竞乎！（习温）

宦

郡望

东阳郡。

起源

古代有些仕宦（即做官）的人以“宦”为姓。

名人

明朝永乐进士宦绩。

艾

郡望

天水郡。

起源

夏朝君主少康的臣子女艾的后人以先祖名为姓。

名人

宋朝吴兴县令艾若纳，画家艾宣、艾淑，明朝四川巡抚艾穆，名将艾能奇，清朝刑部尚书艾元徵，画家艾显，当代诗人艾青。

名句

爱民如恤血，挞吏胜看经。捧折胥吏手，何劳诵大乘。（艾若纳）

鱼

郡望

雁门郡。

起源

春秋时期宋国公子子鱼的后代以先祖名为姓。

名人

三国魏史学家鱼豢，隋朝大将鱼俱罗，唐朝女诗人鱼玄机，北宋初年兵部侍郎鱼崇谅。

名句

枫叶千枝复万枝，江桥掩映暮帆迟。忆君心似西江水，日夜东流无歇时。（鱼玄机《江陵愁望有寄》）

容

郡望

敦煌郡。

起源

传说黄帝有两个大臣，一名容援，他制作了大钟；一名容成，他创作了乐曲。他们的后人以先祖名为姓。

名人

明朝著名孝子容悌与、容恭、容璘，良吏容若玉，清朝社会活动家容闳，当代中国第一位乒乓球世界冠军容国团。

名句

人生能有几回搏？（容国团）

向

郡望

河南郡。

起源

春秋时期宋桓公的后人曾食采于向，其子孙以先祖采邑名为姓。

名人

三国时期蜀汉中领军向宠，西晋文学家向秀，隋末农民起义军领袖向海明，宋朝宰相向敏中，诗人向子諲，明朝监察御史向侃，清朝画家向腾蛟，现代革命烈士向警予、向秀丽。

名句

她们把自己恋爱作为终极目标，有了爱人便什么都不要了，对社会作不了贡献，人生价值最少。（向警予）

古

郡望

新安郡。

起源

上古周部落领袖名古公亶父，其后人以先祖名为姓。

名人

战国时期隐士古桑，北魏吏部尚书古弼，唐朝名士古之奇，宋朝潮州太守古革，明朝画家古其品，现代革命烈士古公鲁、古承铄。

名句

政不欲猛，刑不欲宽。宽则人慢，猛则人残。……小恶无为，涓流成池。片言可用，毫末将拱。……勿轻小道，大车可覆。……不恕而明，不如不明。不通而清，不如不清。（古之奇《县令箴》）

漂泊频年太坎坷，风霜历尽志难磨。一肩任务千斤重，都为工农解放多。（古公鲁）

易

郡望

太原郡。

起源

易姓出自姜姓，以易为氏。

名人

宋朝画家易元吉，经史学家易延庆，教育家易充，状元易祓，明朝户部郎中易之贞，学者易翼之，清朝诗人易顺鼎、易宏，学者易贞言，陕甘总督易棠，经学家易宗捃。

名人故事

易元吉，宋朝长沙人，字庆之。元吉善于写生，他于住宅后专门修了一座园圃，驯养了一些动物，观察动物动静，以助画思。

慎

郡望

天水郡。

起源

春秋时期楚国白公胜的后人曾受封于慎，其子孙以封地名为姓。

名人

战国时期法家慎子，五代词人慎温其，宋朝名臣慎钺，画家慎东美，明朝监察御史慎蒙。

名句

爱赤子不慢其保，绝险者不慢其御。（《慎子》）

戈

郡望

临海郡。

起源

传说夏朝寒浞杀害后羿后，自己当上国君，并封儿子于戈，后人以封地名为姓。

名人

宋朝名士戈彦，元朝画家戈权义，明朝饶平知县戈尚友，清朝诗人戈涛，当代翻译家戈宝权。

名人故事

戈尚友，明朝临淮人。饶平县有一种草名断肠草，有剧毒，一些人用来作奸犯科。戈尚友任知县时，时遇海盗作乱，他便采取有效措施，组织老百姓采集断肠草，同时下令将此草投入沿海水井中，大家不知其故。后来，海盗上岸到井边汲水，喝了水的人多半都死了。

廖

郡望

汝南郡。

起源

商朝曾将黄帝后裔叔安封于廖，其后人以封地名为姓。

名人

三国时期蜀汉车骑将军廖化，宋朝工部尚书廖刚，明朝郧国公廖永安，清朝文学家廖燕，经学家廖平，民国民主革命家、政治家廖仲恺，当代社会活动家廖承志，作家廖沫沙。

名句

后事凭君独任劳，莫教辜负女中豪。我身虽去灵明在，胜似屠门握杀刀。（廖仲恺《留诀内子》）

庾

郡望

济阳郡。

起源

周朝设有管理仓库的官员，官名庾廪，其后人以先祖官职名为姓。

名人

汉朝名士庾乘，东晋中书令庾亮，南朝文学家庾肩吾，北朝文学家庾信，元朝戏剧家庾天锡。

名句

日晚荒城上，苍茫余落晖。都护楼兰返，将军疏勒归。马有风尘色，人多关塞衣。阵云平不动，秋蓬卷欲飞。闻道楼船战，今年不解围。（庾信《拟咏怀》）

终

郡望

南阳郡。

起源

颛顼裔孙陆终之后以先祖名字中的“终”为姓。

名人

汉朝谏大夫终军，宋朝书法家终慎思，明朝鸿胪寺主簿终其功。

名人故事

终军，汉朝济南人。汉武帝时，十八岁的终军赴京城长安上书言事，受到汉武帝赏识，拜为谒者给事中。当初他入关时，关吏要他出示出入关卡的凭证。终军说，大丈夫西游，终不复转还。于是，他丢下凭证而去。后来，终军奉使南越，临行前，请求皇帝授他长缨，声称必缚南越王而归，献于阙下。不久病逝，时年仅二十余岁。

暨

郡望

渤海郡。

起源

春秋时期，有越国大夫受封于诸暨，其后人以封地名为姓，有的姓诸，有的姓暨。

名人

三国时期吴国尚书暨艳，晋朝关内侯孝子暨逊，宋朝奉议郎暨陶。

名人故事

暨逊，晋朝余杭人，字茂言，以孝闻名。晋成帝咸康年间朝廷旌表其家。

居

郡望

渤海郡。

起源

春秋时期晋国有公族大夫先且居，其后人以先祖名为姓。

名人

汉朝东城侯居股，湘成侯居翁，元朝平定州同知居理贞，明朝书画家居节，清朝画家居廉。

名人故事

居理贞，元朝人。早年任同知时，即以办事干练著称。元顺帝至正年间，理贞监管州，善政益著，政声日隆，老百姓为其立“去思碑”。

衡

郡望

雁门郡。

起源

商朝名臣伊尹，因辅佐商汤有功，获尊号“阿衡”，其后人有的以先祖尊号为姓。

名人

汉朝讲学大夫衡咸。

名人故事

衡咸，汉朝齐人，字长宝。王莽时为讲学大夫。

步

郡望

平阳郡。

起源

春秋时期晋国大夫郤豹之孙郤扬受封于步，其后人以封地名为姓。

名人

三国时期吴国骠骑将军、丞相步骘，宋朝江西总管步谅。

名人故事

步骘，三国时期吴淮阴人，字子山。东汉末年，步骘避居江东，白天种瓜自给，夜晚寒窗苦读，博研道艺，无不贯通。后辅佐孙权，多有功绩，虽贵为丞相，家中摆设却一如读书人。步骘威望很高，喜怒不形于色，而内外肃然。

都

郡望

黎阳郡。

起源

春秋时期郑国公族大夫公孙子都之后以先祖名字中的“都”为姓。

名人

西汉临蔡侯都稽，明朝兵部尚书都杰，学者都穆。

名句

学诗浑似学参禅，语要惊人不在联。但写真情并实境，任他埋没与流传。（都穆《学诗》）

耿

郡望

高阳郡。

起源

周朝时曾有耿国，后灭于晋，其国人以故国名为姓。

名人

东汉学者耿况，东光侯耿纯，唐朝画家耿昌言，五代南唐女词人耿玉真，清朝靖南王耿仲明、耿精忠。

名句

玉京人去秋萧索，画檐鹊起梧桐落。攲枕悄无言，月和残梦圆。 背灯惟暗泣，甚处砧声急？眉黛远山攒，芭蕉生暮寒。（耿玉真《菩萨蛮》）

满

郡望

河东郡。

起源

舜帝有后裔胡公满，其后人有的以先祖名为姓。

名人

三国时期魏国征东将军满宠，西晋尚书令满奋，明朝良吏浙江布政使满福周。

名人故事

满宠，三国时期魏昌邑人，字伯宁。满宠早年追随曹操，后又辅佐曹丕，战功卓著。性刚毅，有勇有谋，为官多年，不置产业，家无余财。

弘

郡望

太原郡。

起源

春秋时期卫国有一位公族大夫，名弘演，其后人以先祖名为姓。

名人

西汉中书令弘恭，名儒弘成子。

匡

郡望

晋阳郡。

起源

春秋时期，鲁国大夫施孝权之家臣句须出任匡邑宰，史称匡句须，其后人以祖上居官地名为姓。

名人

西汉学者匡衡，明朝名臣匡翼之，名将匡福，名医匡愚，孝子匡如桐，清朝学者匡辅之。

名人故事

匡愚，明朝人，字希贤。匡愚精于医术，曾三次随同三保太监郑和下西洋。

国

郡望

下邳郡。

起源

春秋时期郑国国君郑穆公之子公子发，字子国，子国的后人有的以先祖名为姓。

名人

西汉祭酒国由，三国时期魏国太仆国渊，金朝兖王国用安。

名人故事

国渊，三国时期魏国乐安盖人，字子尼。国渊少年时期师从于大学者郑玄，为郑玄所器重，称之为“国器”。

文

郡望

雁门郡。

起源

周文王封炎帝后裔于许，世称许文叔，其后人有的便以“文”为姓。

名人

春秋时期越国名臣文种，西汉良吏蜀郡守文翁，北宋画家文同，南宋抗元名将文天祥，明朝书画家文徵明，清朝画家文点，近代维新派、诗人文廷式。

名句

辛苦遭逢起一经，干戈寥落四周星。山河破碎风飘絮，身世浮沉雨打萍。惶恐滩头说惶恐，零丁洋里叹零丁。人生自古谁无死，留取丹心照汗青。（文天祥《过零丁洋》）

拂拭残碑，敕飞字、依稀堪读。慨当初，倚飞何重，后来何酷。果是功成身合死，可怜事去言难赎。最无辜，堪恨更堪悲，风波狱。 岂不念，中原蹙。岂不念，徽钦辱。念徽钦既返，此身何属。千载休谈南渡错，当时自怕中原复。笑区区、一桧亦何能，逢其欲。（文徵明《满江红》）

寇

郡望

上谷郡。

起源

昆吾之后苏忿生仕周，任司寇一职，其子孙以先祖官名为姓。

名人

东汉执金吾寇恂，北魏骠骑大将军寇儁，北宋名臣寇準，明朝左都御史寇深。

名句

岸阔樯稀波渺茫，独凭危槛思何长。萧萧远树疏林外，一半秋山带夕阳。（寇準《书河上亭壁》）

广

郡望

丹阳郡。

起源

传说黄帝时代有一位隐士，名广成子，其后人有的以“广”为姓。

名人

宋朝良吏广汉，明朝楷书吏广嵩，清朝湖南巡抚广厚。

禄

郡望

扶风郡。

起源

商朝国君商纣王之子名武庚，字禄父。武庚在周武王时曾受封，后来发动叛乱，兵败被杀。其后人以先祖名为姓。

名人

清朝女英雄、陇庆侯母禄氏。

名人故事

禄氏，清朝云南人。雍正年间，陇庆侯以“窝藏奸细”罪名被革职，其手下欲叛乱，禄氏晓以大义，予以制止。后乌蒙强盗作乱，禄氏召集族人环守州署，合城得以平安。

阙

郡望

下邳郡。

起源

春秋时期鲁国有阙党邑，封于此地的人以封邑名为姓。

名人

汉朝荆州刺史阙翊，宋朝中侍大夫阙礼，明朝平凉知府阙清，清朝画家阙岚。

名人故事

阙清，明朝河南人，明孝宗弘治年间举人。阙清为人纯孝，在任平凉知府期间，务本爱民，颇受百姓拥戴。

东

郡望

平原郡。

起源

传说舜帝的朋友中，有一位叫东不訾的，其后人以先祖名字中的“东”为姓。

名人

后汉神射手东明，元朝将领东良会，明朝应天巡按东郊。

名人故事

东明，后汉人。传说东明为索离国王侍婢感气而生，长大后长于射箭。一次，索离国王欲杀害他，东明在逃亡过程中遇到一条大河，以弓击水，鱼龟都浮到水面上，东明得以乘坐其上而逃生。

欧

郡望

平阳郡。

起源

与欧阳姓同宗。勾践六世孙无疆次子蹄封于乌程欧余山之阳，为欧阳亭侯，其后人便以“欧”或“欧阳”为姓。

名人

春秋末铸剑名匠欧冶子，东汉著名孝子欧宝，宋朝永春知县欧庆，元朝农民起义军将领欧普祥，明朝广西总兵欧信，诗人欧大任。

名人故事

欧大任，明朝顺德人，字桢伯。嘉靖年间，47岁的欧大任以岁贡生资格参加科考，考官阅其卷，惊叹其才，列为第一，特荐御览。其才学俱佳，王世贞将其誉为“广五子”之一。

殳 (Shū)

郡望

武功郡。

起源

传说舜帝手下有一位大臣，名叫殳斨，其后人以先祖名为姓。

名人

南朝宋道学家殳季真，明朝孝子殳邦清，清朝女画家殳默。

名人故事

殳默，清朝嘉善人，字斋季。殳默九岁即能作诗，及至成年，刺绣裁剪，无一不精，还写得一手好小楷。

沃

郡望

太原郡。

起源

商朝君主沃丁之后人以先祖名为姓。

名人

明朝监察御史沃頖，良吏沃墅，清朝盛京将军沃内，杭州副都统沃申。

名人故事

沃頖，明朝定海人，明宪宗成化年间进士。沃頖因耿直而为权贵所不喜，从监察御史降为内乡知事。在内乡任职期间，兴利除弊，禁奸保良，深受百姓拥戴。内乡境内公署学校，都是他在任期内建造的。后升任荆州知府。

利

郡望

河南郡。

起源

春秋时期，楚国公子曾食采于利，其后人便以采邑名为姓。

名人

宋朝学者利申，诗人利登，明朝良吏利本坚。

名句

小雨初晴岁事新，一犁江上趁初春。豆畦种罢无人守，缚得黄茅更似人。（利登《田家即事》）

蔚 (Yù)

郡望

琅邪郡。

起源

周宣王时，郑国公子翩受封于蔚，其后人以封地名为姓。

名人

宋朝保静军节度使蔚昭敏，明朝礼部右侍郎蔚能，兵部给事中蔚春，礼部尚书蔚绶。

名人故事

蔚能，明朝朝邑人，字惟善。蔚能最初仅为小吏，后因才能授光禄典簿，累进光禄寺卿。明英宗天顺初年拜礼部右侍郎。蔚能清廉谨慎，在光禄任上超过三十年。

越

郡望

晋阳郡。

起源

夏朝君主少康的小儿子的后人受封于越，其子孙以封地名为姓。

名人

春秋时期齐国名士越石父，明朝工诗文而又善骑射的河南巡抚越其杰。

名句

知己而无礼，固不如在缧绁之中。（越石父）

夔 (Kuí)

郡望

京兆郡。

起源

上古楚族首领熊挚的后人受封于夔，其子孙以封地名为姓。

名人

南北朝时官吏夔安。

隆

郡望

南阳郡。

起源

春秋时期，鲁国隆邑居民以邑名为姓。

名人

明朝以清廉耿介著称的吏部尚书隆光祖，良吏隆英。

名人故事

隆英，明朝利泽人，宣德年间任南宫县知府，敦朴节约，爱惜百姓，有古循吏风。曾有神武二卫指挥带着文件来到南宫，要求占地屯军。隆英义正词严地说，本县没有多余的地，除我办公的地方，其余都是关系国计民生的农田，所以我不敢遵命。来人也知道隆英为人廉洁耿介，便放弃了在南宫占地的企图。

师

郡望

太原郡。

起源

周朝师尹的子孙以先祖名为姓。

名人

春秋时期卫国乐官师涓，晋国音乐家师旷，郑国大夫师叔，西汉大司空师丹，宋朝翰林学士师颃，明朝吏部尚书师逵，清朝甘肃提督师懿德。

巩

郡望

山阳郡。

起源

周朝一位公族大夫受封于巩，为巩伯，其后人以封邑名为姓。

名人

汉朝侍中巩攸，宋朝抗元将领巩信，明朝航海家郑和的助手巩珍，安化知县巩思容，当代作曲家巩志伟。

名人故事

巩思容，明朝东平人，嘉靖年间任安化知县。巩思容性格刚毅明辨，执法严明。曾经有巨盗藏匿大批赃物，思容仅仅审了一次便得详情，百姓称善。

厍 (Shè)

郡望

河南郡。

起源

古时有守库大夫(即看守仓库的官员),其后人以祖先的官职为姓。

名人

东汉金城太守库钧,清朝人库礼。

名人故事

库钧,汉朝人,封辅义侯。为当时才智之士,与窦融交厚。

聂

郡望

河东郡。

起源

春秋时期,齐国国君齐丁公封其支子于聂城,为齐附庸国,该国国人以封国名为姓。

名人

战国时期侠士聂政,三国时期吴国丹阳太守聂友,唐朝诗人聂夷中,宋朝诗人聂冠卿,吏部侍郎聂子述,明朝哲学家聂豹,清朝直隶提督聂士成,现代人民音乐家聂耳。

名句

二月卖新丝,五月粜新谷。医得眼前疮,剜却心头肉。我愿君王心,化作光明烛。不照绮罗筵,只照逃亡屋。(聂夷中《伤田家》)

脑筋若无正确的思想的培养,任它怎样发达,这发达总是畸形的发达,

那么一切的行为都没有稳定的正确的立足点。(聂耳)

晁 (Cháo)

郡望

京兆郡。

起源

春秋时期,周景王死后,朝廷发生一场王位争夺战,景王儿子朝失败,出逃至楚国,其后人以“朝”为姓。因“朝”“晁”同音,后改作“晁”。

名人

西汉政治家晁错,宋朝诗人晁补之,元朝兵部尚书晁显。

名句

夫寒之于衣,不待轻暖;饥之于食,不待甘旨;饥寒至身,不顾廉耻。人情,一日不再食则饥,终岁不制衣则寒。夫腹饥不得食,肤寒不得衣,虽慈母不能保其子,君安能以有其民哉! (晁错《论贵粟疏》)

买陂塘、旋栽杨柳,依稀淮岸湘浦。东皋嘉雨新痕涨,沙嘴鹭来鸥聚。堪爱处,最好是、一川夜月光流渚。无人独舞。任翠幄张天,柔茵藉地,酒尽未能去。　青绫被,莫忆金闺故步。儒冠曾把身误。弓刀千骑成何事,荒了邵平瓜圃。君试觑,满清镜、星星鬓影今如许。功名浪语。便得似班超,封侯万里,归计恐迟暮。(晁补之《摸鱼儿·东皋寓居》)

勾

郡望

平阳郡。

起源

远古曾有勾芒氏，其后裔以先祖名为姓。

名人

春秋时期越王勾践，孔子学生勾井疆，宋朝史馆修撰勾涛，画家兼书画鉴赏家勾处士，画家勾龙爽。

名人故事

勾龙爽，宋朝蜀人，宋神宗时任翰林侍诏。勾龙爽善画，喜好画上古衣冠佛道人物，特别擅长画婴儿。

敖

郡望

谯郡。

起源

传说颛顼有一位老师，名叫太敖，其后人以祖先名为姓。

名人

宋朝学者、诗人敖陶孙，元朝信州教授敖继公，明朝广西按察使敖宗庆，清朝贵州提督敖成。

名人故事

敖陶孙，宋朝福清人，年轻时便胸怀大志。当时，权臣韩侂胄掌权，朱熹被排斥，贬往外地，敖陶孙写诗送行；赵汝愚受迫害，死于贬所，敖陶孙写诗哭之。韩侂胄大怒，派人抓捕敖陶孙。陶孙闻讯逃走，并更改了自己的姓名，这样才得以幸免。

融

郡望

南康郡。

起源

传说远古时期火神名祝融氏，其后人有的以“祝”为姓，有的以“融”为姓。

冷

郡望

京兆郡。

起源

传说黄帝时有乐官名伶伦，又作“冷伦”，其后人以“冷”为姓。

名人

西汉淄川太守冷丰，东汉寿星、术士冷寿光，宋朝监察御史冷世光，和州通判冷世修，广州知府冷应征，明朝御史冷曦，良吏冷麟，音乐家冷谦，清朝画家冷枚。

名人故事

冷曦，明朝新昌人，字景旸。洪武年间任御史，刚正不阿，曾弹劾都御史刘观及各道贪赃枉法的御史，一时百官震动，人称"冷铁面"。

訾 (Zī)

郡望

渤海郡。

起源

传说上古时期有訾娵氏，其后人有的以"訾"为姓。

名人

西汉楼虚侯訾顺，金朝道士訾亘，元朝名士訾汝道。

名人故事

訾汝道，元朝齐河人，友爱孝悌。其弟将分居，汝道以好的田地及房屋相让。乡里曾逢大疫，汝道拿出自己的粮食借给人家；到秋收时，如有人不能偿还，汝道便把他们的借条收集到一起烧掉。

辛

郡望

陇西郡。

起源

夏朝君主夏启封支子于莘，古代“莘”与“辛”音近，其后人便以“辛”为姓。

名人

西汉名将辛武贤，东汉诗人辛延年，隋朝经学家辛彦之，唐朝湖州刺史辛祕，北宋参政知事辛仲甫，南宋词人辛弃疾，元朝诗人辛文房，明朝浙江左布政使辛彦博，名士辛全。

名句

千古江山，英雄无觅孙仲谋处。舞榭歌台，风流总被雨打风吹去。斜阳草树，寻常巷陌，人道寄奴曾住。想当年，金戈铁马，气吞万里如虎。 元嘉草草，封狼居胥，赢得仓皇北顾。四十三年，望中犹记，烽火扬州路。可堪回首，佛狸祠下，一片神鸦社鼓。凭谁问，廉颇老矣，尚能饭否？（辛弃疾《永遇乐·京口北固亭怀古》）

阚(Kàn)

郡望

天水郡。

起源

春秋时期南燕伯后裔受封于阚，其后人以封邑名为姓。

名人

春秋时期齐国大夫阚止，三国时期吴国中书令阚泽，北魏学者阚骃，唐朝越州都督阚稜，元朝万户府知事阚文兴。

名人故事

阚骃，北魏敦煌人，字玄阴。他精通经传，聪敏过人，三史群言，过目即能背诵。

那

郡望

天水郡。

起源

春秋时期，楚灭权国，并将权国居民迁至那地，后人遂以地名为姓。

名人

西魏扬州刺史那椿，明朝云南元江土知府那嵩，清朝直隶总督那彦成。

名人故事

那嵩，明末云南元江人，世袭土知府。抗清将领李定国号召诸土司联合抵御清军，那嵩起兵响应。不久，城池被清军攻破，那嵩登楼自焚。

简

郡望

范阳郡。

起源

春秋时期晋国大夫狐鞫居受封于续，谥号简，世称续简伯，其后人以先祖谥号为姓。

名人

三国时期蜀汉昭德将军简雍，宋朝学者简克己，元朝画家简生，明朝兵部郎中简芳，清朝学者简朝亮，衢州镇总兵简敬临。

名人故事

简克己，宋朝南海人。年轻时师从于大学者张栻，得张氏真传。后退归杜门，以真知实践为事功，以启迪奖掖后进为己任。当时的读书人，不论年龄长幼，均称他为简先生。

饶

郡望

平阳郡。

起源

春秋时期，齐国有一位大夫食采于饶，其后人以采邑名为姓。

名人

汉朝渔阳太守饶斌，宋朝学者饶鲁、饶子仪，元朝淮南行省参政知事饶介，清朝学者饶智元、饶一辛。

名句

西角门前御仗回，宏文馆内讲筵开。君王不好霓裳舞，宣唤词臣上殿来。（饶智元《洪熙宫词》）

空

郡望

营丘郡。

起源

远古空侯氏后裔以先祖名为姓。

曾

郡望

鲁郡。

起源

夏朝君主少康封小儿子曲烈于鄫，后建鄫国。鄫国在春秋时期为莒所灭，鄫国后人去掉邑旁，以“曾”为姓。

名人

孔子学生曾参，宋朝散文家曾巩，宰相曾公亮，文学家曾幾，明朝兵部侍郎曾铣，学者曾鲁，晚清政治家、军事家曾国藩，外交家曾纪泽，当代中国人民志愿军烈士曾南生。

名句

乱条犹未变初黄，倚得东风势便狂。解把飞花蒙日月，不知天地有清霜。（曾巩《咏柳》）

毌 (Guàn)

郡望

巨鹿郡。

起源

春秋时期，齐宣王封其弟于毌丘，赐姓胡毌氏。其后分三姓，一曰胡毌，一曰毌丘，一曰毌氏。

名人

后蜀宰相毌昭裔，宋朝工部尚书毋守素，明朝文学家毌思义，御史毌恩。

名人故事

毌昭裔，五代后蜀人，博学有才名。性嗜藏书，好读古文，精于儒家典籍。曾派人将旧本"九经"刻于成都学宫，主持刊刻《文选》等书，著有《尔雅音略》。

沙

郡望

汝南郡。

起源

传说神农氏时代有一位大臣，名叫夙沙氏。夙沙氏的后裔以先祖名字中的“沙”字为姓。

名人

宋朝勇士沙世坚，明朝良吏沙玉、沙良佐，清朝书法家沙张白，画家沙馥。

名人故事

沙良佐，明朝武进人。洪武初出任新城知县，廉洁谨慎，爱百姓，重教化，时间不长，该县便丰衣足食，诉讼稀见。

乜 (Niè)

郡望

晋昌郡。

起源

后周君主赐部族费乜头以乜姓。

养

郡望

山阳郡。

起源

春秋时期,吴国两位公子因国家发生变故逃往楚国,楚国君主将他们安置在养地,其后人以其居住地名为姓。

名人

春秋时期楚国神射手养由基,东汉名儒养奋。

名人故事

养奋,东汉郁林人,字叔高。养奋博通古籍,乡人都很敬重他。他以一介布衣举方正进入朝廷参政。汉和帝曾策问阴阳水旱等事,养奋以时政干逆天气,所对多切中时弊。

鞠

郡望

汝南郡。

起源

战国时期燕国公族大夫鞠武的后人以先祖名为姓。

名人

宋朝殿中侍御史鞠泳,著作郎鞠常,舞蹈家鞠夫人,兵部员外郎鞠仲谋,清朝学者鞠履厚。

名人故事

鞠夫人,宋朝人,擅长歌舞。宋高宗时,鞠夫人在仙韶院诸舞女中排名第一,大家都管她叫鞠部头。

须

郡望

渤海郡。

起源

春秋时期有须句国,为燕的附庸国,其公族为须句氏,后一部分国人以“须”为姓。

名人

战国时期魏国大夫须贾,西汉陆量侯须无,明朝礼部仪制司郎中须之彦,良吏须用纶。

名人故事

须用纶,明朝万历年间进士,崇祯年间授青州知府。其为官清正廉洁,风节凛然,深得百姓拥戴。

丰

郡望

松阳郡。

起源

周武王封其弟于酆，其后人去掉邑旁，以“丰”为姓。

名人

宋朝御史中丞丰稷，镇江知府丰有俊，明朝诗人丰越人，书法家丰坊，学者丰寅初，现代作家、画家丰子恺。

名句

春是多么可爱的一个名词！自古以来的人都赞美它，希望它长在人间。（丰子恺）

巢

郡望

彭城郡。

起源

大禹封有巢氏后人于巢，建巢国，后巢为楚所灭，国人以故国名为姓。

名人

东汉司空巢堪，隋朝医学家巢元方，经学家巢猗，明朝庠生巢帝阁，明末高士、孝子巢鸣盛。

名人故事

巢帝阁，明朝泾阳人。有一天，他在路旁拾到若干金子，于是他坐在原处足足等了一天，最后将金子归还给了失主，这时，天已很晚。其归途忽临高崖，他所骑的驴子突然受惊，载着他狂奔，没过多久，高崖崩塌。众人说这是好人好报。

关

郡望

陇西郡。

起源

夏朝大臣龙逢受封于关地，其后人以先祖封地名为姓。

名人

西汉长水校尉关并，三国时期蜀汉名将关羽，南朝宋学者关康之，散骑常侍关文衍，唐朝宰相关播，宋朝诗人关景仁，五代后梁画家关仝，元朝戏剧家关汉卿，明朝监察御史关可成，清朝名将关天培。

名句

恰不道人到中年万事休，我怎肯虚度了春秋！（关汉卿《一枝花·不伏老》）

蒯(Kuǎi)

郡望

襄阳郡。

起源

春秋时期卫国国君卫庄公蒯聩的子孙以祖先名为姓。

名人

西汉初年刘邦手下谋士蒯彻，南朝宋淮陵太守蒯恩，唐朝画家蒯廉，宋朝文人蒯鳌，明朝著名工匠蒯祥，清朝学者蒯光典。

名人故事

蒯祥，明朝吴县人，木匠出身，官至工部左侍郎。从明成祖永乐年间到明英宗天顺年间，凡内殿陵寝，都是他主持营缮的。每营缮，蒯祥持尺准度，不差毫厘。明宪宗常常称他为“蒯鲁班”。

相

郡望

西河郡。

起源

夏朝有帝相，其支庶子孙以先祖名为姓。

名人

明朝画家相礼，刑部郎中相世芳。

名人故事

相礼，明朝松江人，字子先。相礼既能作诗，又擅长丹青，在当时很有声望。

查(Zhā)

郡望

齐郡。

起源

春秋时期齐顷公的儿子食采于楂，其后人以先祖采邑名去木旁为姓。

名人

五代南唐工部尚书查文徽，宋朝殿中侍御史查元方，明朝良吏查允中，学者查厚，琵琶演奏家查鼐，清朝名士查日乾，诗人查慎行，书画家查士标。

名句

一赋何曾敌两京，也知土木费经营。浊漳确是无情物，流尽繁华只此声。(查慎行《邺下杂咏》)

后

郡望

东海郡。

起源

战国时期，齐国太史敫的女儿是齐襄王后，后来襄王赐王后一族以“后”姓。

名人

孔子学生后处，汉朝经学家后苍，明朝岷州守官后能。

名人故事

后能，明朝岷州人。明宣宗宣德初镇守岷州，凡二十余年，军纪严明，令行禁止，四民畏服。

荆

郡望

广陵郡。

起源

西周初年，楚部族首领熊绎受封于荆，建荆国，即后来楚国的前身，其后世子孙有的便以“荆”为姓。

名人

战国时期燕国侠士荆轲，五代后梁画家荆浩，元朝辽东廉访使荆元刚，明朝刑部侍郎荆州俊，南京给事中荆可栋。

名句

风萧萧兮易水寒，壮士一去兮不复还！（荆轲）

红

郡望

平昌郡。

起源

楚部族首领熊渠的长子熊挚，字红，曾封为鄂王，其后世子孙有的便以先祖之字为姓。

名人

明朝郧西县丞红尚朱，明末农民军将领红军友。

游

郡望

广平郡。

起源

春秋时期郑穆公之子偃，字子游，其后人以先祖之字为姓。

名人

北魏雍州刺史游雅，隋朝治书侍御史游元，宋朝丞相游似，学者游九言，词人游次公，良吏游少游，明朝监察御史游志逊，学者游芳，清朝诗人、画家游士凤，书画家游旭。

名句

明日相思莫上楼，楼上多风雨。（游次公《卜算子》）

竺

郡望

东海郡。

起源

古代中国称印度为天竺国，天竺僧人来中国传教，有的以其国名中的“竺”为姓。

名人

宋朝名士竺大年，明朝福建参议竺渊，现代科学家、教育家竺可桢。

名人故事

竺大年，宋朝奉化人，字耕道。大年为人谨严，擅长说礼，乡人均得到他的教化。

权

郡望

天水郡。

起源

春秋时期，颛顼帝的后裔被封于权，建权国。权国后来灭于楚，其国人以故国名为姓。

名人

北周荆州刺史权景宣，隋朝豫州刺史权武，唐朝宰相权德舆，治书侍御史权万纪，南宋抗金不屈的名臣权邦彦。

名句

十年曾一别，征路此相逢。马首向何处？夕阳千万峰。（权德舆《岭上逢久别者又别》）

逯 (Lù)

郡望

广平郡。

起源

春秋时期，秦国公族大夫受封于逯，其后人以封邑名为姓。

名人

元朝以刚介著称的监察御史逯鲁曾，明朝勇将逯德山，文士逯中立，名士逯宏。

名人故事

逯宏，明朝钱塘人，字希远。明太祖洪武初年随徐大章研习《书经》。十八岁时即陈时政得失，明太祖听了，十分高兴，要给他安排一个官职，但吏部却认为他年纪太轻。逯宏遂返回乡里，以乡贡分教松江。

盖

郡望

汝南郡。

起源

春秋时期，齐国一位大夫受封于盖，其后人以先祖封邑名为姓。

名人

西汉司隶校尉盖宽饶，东汉讨虏校尉盖勋，唐朝学者盖文达，五代后唐太傅盖寓，明朝能吏盖霖。

名人故事

盖勋，东汉广至人，字元固。汉灵帝曾问盖勋，天下为何反叛动乱如此。盖勋回答说，都是幸臣子弟作乱的结果。宦官蹇硕正在旁边，闻此言，深恨之。后来董卓乱政，对盖勋心存几分畏惧，征为议郎。当时，自公卿以下，莫不依附于董卓，唯独盖勋长揖争礼，没有丝毫奴颜媚骨。

益

郡望

冯翊郡。

起源

舜帝大臣伯益，其后人有的以先祖名为姓。

名人

南宋绍兴年间进士益畅，元朝怀远大将军益智。

名人故事

益智，元朝普山人。益智素有谋略，曾任曲靖宣慰使等职，时人敬服。

桓

郡望

谯郡。

起源

春秋时期宋桓公，其后人以先祖谥号为姓。

名人

西汉学者桓宽，东汉哲学家桓谭，三国时期魏大司农桓范，东晋大司马桓温，荆州刺史桓冲，江州刺史桓玄，唐朝宰相桓彦范。

名句

有备则制人，无备则制于人。（桓宽《盐铁论·险固》）

举网以纲，千目皆张；振裘持领，万毛自整。（桓谭《新论·离事》）

位必使当其德，禄必使当其功，官必使当其能。（桓范《政要论》）

公

郡望

括苍郡。

起源

古代冠有“公”字的复姓，如公西、公孙、公冶等，这些复姓的后人有的改单姓为“公”。

名人

汉朝主爵都尉公俭，明朝名臣公勉仁，潞安太守公奎跻，礼部右侍郎公鼐。

名人故事

公鼐，明朝蒙阴人，字孝与，万历年间进士。公鼐原在翰林院任编修，后逐步升为礼部侍郎。当时，朝廷为群小把持，朝纲紊乱，鼐屡有批评，指陈切至，为一些人所不快。鼐遂称病返回家乡。

万俟(Mò qí)

郡望

兰陵郡。

起源

古代鲜卑族有万俟部族，拓跋珪建立北魏后，魏献文帝赐其兄的后人姓万俟。

名人

北魏农民起义领袖万俟醜奴，北齐太尉万俟普，宋朝奸相万俟卨，词人万俟咏。

名句

见梨花初带夜月，海棠半含朝雨。内苑春、不禁过青门，御沟涨、潜通南浦。东风静，细柳垂金缕，望凤阙、非烟非雾。好时代、朝野多欢，遍九陌、太平箫鼓。　乍莺儿百啭断续，燕子飞来飞去。近绿水、台榭映秋千，斗草聚、双双游女。饧香更、酒冷踏青路，会暗识、夭桃朱户。向晚骤、宝马雕鞍，醉襟惹、乱花飞絮。　正轻寒轻暖漏永，半阴半晴云暮。禁火天、已是试新妆，岁华到、三分佳处。清明看、汉宫传蜡炬，散翠烟、飞入槐府。敛兵卫、阊阖门开，住传宣、又还休务。(万俟咏《三台》)

司马

郡望

河内郡。

起源

周朝程伯休父为司马，掌管军政和军赋，其后人以先祖官职名为姓。

名人

西汉史学家司马谈、司马迁，辞赋家司马相如，三国时期魏国将军司马懿、司马师、司马昭，晋武帝司马炎，唐朝诗人司马札，北宋史学家司马光。

名句

盖西伯拘而演《周易》；仲尼厄而作《春秋》；屈原放逐，乃赋《离骚》；左丘失明，厥有《国语》；孙子膑脚，《兵法》修列；不韦迁蜀，世传《吕览》；韩非囚秦，《说难》《孤愤》；《诗》三百篇，大氐贤圣发愤之所为作也。（司马迁）

盖明者远见于未萌，而知者避危于无形，祸固多藏于隐微，而发于人之所忽者也。（司马相如）

柳色参差掩画楼，晓莺啼送满宫愁。年年花落无人见，空逐春泉出御沟。（司马札《宫怨》）

凡论人，必先称其所长，则所短不言自见。（司马光）

上官

郡望

天水郡。

起源

楚庄王之子子兰，曾任上官大夫，其后人以先祖官职名为姓。

名人

西汉丞相上官桀，唐朝诗人上官仪，才女上官婉儿，宋朝龙图阁待制上官均，明朝画家上官伯达，清朝画家上官周，当代电影表演艺术家上官云珠。

名句

脉脉广川流，驱马历长洲。鹊飞山月曙，蝉噪野风秋。（上官仪《入朝洛堤步月》）

欧阳

郡望

渤海郡。

起源

勾践六世孙无疆次子蹄封于乌程欧余山之阳，为欧阳亭侯。其后人有的遂以"欧阳"为姓。

名人

汉朝学者欧阳生，西晋哲学家欧阳建，唐朝书法家欧阳询，五代词人欧阳炯，宋朝文学家欧阳修，现代作家欧阳山，革命烈士欧阳海。

名句

嫩草如烟，石榴花发海南天。日暮江亭春影渌，鸳鸯浴，水远山长看不足。（欧阳炯《南乡子》）

候馆梅残，溪桥柳细，草薰风暖摇征辔。离愁渐远渐无穷，迢迢不断如春水。　寸寸柔肠，盈盈粉泪，楼高莫近危阑倚。平芜尽处是春山，行人更在春山外。（欧阳修《踏莎行》）

夏侯

郡望

谯郡。

起源

春秋时期，楚灭杞国，杞国国君之弟佗逃至鲁国，封侯。因其为夏禹的后裔，故称夏侯，其后世子孙遂以此为姓。

名人

西汉太仆夏侯婴，学者夏侯胜、夏侯建，三国时期魏国大将夏侯惇、夏侯渊，晋朝文学家夏侯湛，画家夏侯瞻，宋朝辞赋家夏侯嘉正。

名人故事

夏侯湛，晋朝谯人，字孝若。年少时即有盛才，文章恢宏华丽，善构新词。夏侯湛面目清秀俊朗，常与当时另一位文学家潘岳同车，时人将他们两人称之为“连壁”。夏侯湛性情开朗豪爽，临死前，还嘱咐家人勿事铺张，小棺薄殓即可。

诸葛

郡望

琅邪郡。

起源

上古时期，曾有诸侯国，名葛。后来，一支葛国人迁往诸城定居，其后人将原国名与现居住地名结合，形成“诸葛”姓氏。

名人

西汉司隶校尉诸葛丰，三国时期蜀汉政治家、军事家诸葛亮，吴国谋士诸葛瑾，宋朝著名制笔工匠诸葛高。

名句

凡事如是，难可逆见。臣鞠躬尽瘁，死而后已。至于成败利钝，非臣之明所能逆睹也。（诸葛亮《后出师表》）

闻人

郡望

河南郡。

起源

春秋时期，鲁国有一位很有学问的人，名叫少正卯，其观点与同时代的孔子截然对立，颇极有名气，被称为“闻人”。后来，孔子当上鲁国司寇，找了个罪名将少正卯处死。少正卯的后人便以“闻人”作为姓氏。

名人

西汉学者闻人通汉，宋朝学者闻人宏，元朝经学家闻人梦吉，明朝画家闻人益，良吏闻人铨。

名人故事

闻人铨，明朝余姚人，字邦正，嘉靖年间进士。闻人铨师从外兄王守仁，先是任宝应知县，后升为御史。校刻“三礼”“五经”，所刻《旧唐书》为世所重。

东方

郡望

平原郡。

起源

尧帝之臣羲仲执掌东方青阳之令，确定农时，教人按时节耕种，其后人以先祖官职名为姓。

名人

西汉文学家东方朔，唐朝诗人东方虬，当代著名演员东方闻樱。

名句

春雪满空来，触处似花开。不知园里树，若个是真梅。（东方虬《春雪》）

赫连

郡望

渤海郡。

起源

东晋十六国时期，南匈奴铁弗部首领刘勃勃建立夏国，都城统万，称“大夏天王”，并改名为赫连勃勃，其意为王者辉赫，与天相连。其后人遂以“赫连”为姓。

名人

北周大将军赫连达，北齐郑州刺史赫连子悦，唐朝名士赫连韬，土谷浑部首领赫连铎。

名人故事

赫连韬，唐朝漳浦人。赫连韬大抵生活在唐武宗会昌年间到唐僖宗咸通年间，其身份始终是一介布衣。晚唐“福建文坛盟主”黄滔称韬有不羁之才，而时运不济。

皇甫

郡望

京兆郡。

起源

西周时期，诸侯宋戴公之孙充石，字皇父，其子孙以先祖字为姓。至西汉中期，皇父鸾改姓氏中的“父”为“甫”字，遂为皇甫氏。

名人

东汉度辽将军皇甫规，冀州牧皇甫嵩，晋朝文学家皇甫谧，唐朝宰相皇甫镈，文学家皇甫松、皇甫湜，明朝诗人皇甫汸、皇甫涍。

名句

船动湖光滟滟秋，贪看年少信船流。无端隔水抛莲子，遥被人知半日羞。（皇甫松《采莲子》）

南北何如汉二京，迢迢吴越两乡情。谢家楼上清秋月，分作关山几处明。（皇甫汸《对月答子浚兄见怀诸弟之作》）

尉迟(Yù chí)

郡望

太原郡。

起源

前秦时期,苻坚灭鲜卑拓跋部,建代国。后来,拓跋珪复国,改国号为魏,即北魏。当时,与北魏同时兴起的还有鲜卑尉迟部。尉迟部随北魏孝文帝进入中原后,由孝文帝将其族名赐为姓。

名人

北周宁蜀公尉迟迥,唐初名将尉迟恭,武都王尉迟胜,画家尉迟跋质那、尉迟乙僧父子,元朝辽东廉访使尉迟德诚。

名人故事

尉迟恭,唐朝善阳人,隋末归唐,屡立战功。尉迟恭为人自负率直,常常直言大臣之长短,因而遭人忌恨。曾有人告他谋反,唐太宗将他找来询问,尉迟恭答:“我跟着陛下四方征讨,身经百战,现在留下来的皮肉,都是锋镝之余。天下已经平定,倒怀疑我要谋反了吗?”说罢,尉迟恭将衣服解开,扔在地上,袒露上身,露出满身疤痕。见此情形,唐太宗亦为之流泪,好言抚慰了他。唐太宗曾想把自己的女儿嫁给尉迟恭,尉迟恭回答说:“我的妻子虽然粗鄙丑陋,但与我一起过了很长时间的贫贱生活。我虽然没有学识,但也听说过古人富贵后不另娶妻的事,这件事不是我所愿意的。”唐太宗只得作罢。

公羊

郡望

顿丘郡。

起源

春秋时期，鲁国有人名公孙羊孺，其孙在祖父名中取“公”“羊”二字，合为一姓氏。

名人

战国时期齐国学者公羊高，西汉史学家公羊寿。

名人故事

公羊高，战国时期齐国人，子夏学生，著有《春秋公羊传》。

澹台(Tán tái)

郡望

太原郡。

起源

春秋时期，孔子弟子灭明居住在澹台，其后人以先祖居住地为姓。

名人

东汉诗人澹台敬伯。

名人故事

澹台敬伯，东汉会稽人。敬伯曾从薛汉学习“韩诗”。薛汉弟子中，以敬伯与杜抚、韩伯高三人名气最大。

公冶

郡望

鲁郡。

起源

春秋时期，鲁国季孙氏族子季冶，字公冶，其后人以先祖字为姓。

名人

春秋时期孔子学生公冶长。

名人故事

公冶长，春秋时期齐国人，字子长。传说他能通鸟语。

宗政

郡望

彭城郡。

起源

汉高祖刘邦的裔孙刘德曾任掌管皇族事务的宗正一职，且对汉时古文经学的繁荣作出了很大贡献，其后人便将“正”字加反文旁，以“宗政”为姓。

名人

北魏安西将军、光禄大夫宗政珍孙。

名人故事

宗政珍孙，北魏人。北魏孝明帝孝昌年间为都督，曾率部征讨汾州反叛者。

濮阳

郡望

博陵郡。

起源

春秋时期，郑国有一位公族大夫居住在濮水之阳，其后人以先祖居住地名为姓。

名人

三国东吴大臣濮阳兴，明朝武德将军濮阳成，良吏濮阳涞、濮阳瑾。

名人故事

濮阳瑾，明朝广德人，字良玉。明英宗天顺年间贡试第一，授山东宁阳县丞。任期内理政崇尚宽平，赈济饥荒有功，颇得民众好评。

淳于

郡望

河内郡。

起源

西周初年，周武王封古斟灌国后裔于州国，后州国灭于杞，州国公族迁往淳于城居住，复国后称淳于国。其后人以国名为姓。

名人

战国时期齐国学者淳于髡，西汉定陵侯淳于长，名医淳于意，奇女淳于缇萦，东汉侍中淳于恭，南朝陈车骑将军淳于量，唐朝燕国公淳于朗。

名人故事

淳于髡，战国时期齐国人。他个子不高，性格诙谐，长于论辩，多次出使诸侯国，没有遭受过羞辱。齐宣王好做一些隐秘之事，又喜欢彻夜畅饮，百官亦不理政事，朝政荒乱，其他诸侯屡屡来犯。淳于髡对齐宣王及时进谏，使齐国国势复盛。

单于（Chán yú）

郡望

千乘郡。

起源

“单于”曾是匈奴最高统治者的称号，相当于汉民族中的“天子”。汉代以后，匈奴部族逐渐衰弱，大部分人逐渐融入其他民族，有的便以其先祖最高统治者的称号“单于”为姓。

太叔

郡望

东平郡。

起源

春秋时期郑庄公的弟弟段受封于京，人称京城太叔。段的后人以祖先称号为姓。

申屠

郡望

京兆郡。

起源

西周末年，申侯联合犬戎部族杀死周幽王，拥立太子宜臼，是为周平王。周平王封申侯的儿子于屠，其后人便以“申屠”为姓。

名人

西汉丞相申屠嘉，东汉尚书令申屠刚，经学家申屠蟠，明朝学者申屠衡，医学家申屠相，元朝名臣、学者申屠致远。

名人故事

申屠致远，字大用。致远在元世祖南征期间，先为经略司知事，参与了军机大事的谋划，后升为淮西江北道肃政廉访司事。致远清修苦节，耻事权贵，藏书万卷，家无余产。

公孙

郡望

高阳郡。

起源

春秋时期，诸侯之子为公子，公子之子为公孙，公孙之子如无封邑爵号的，均以“公孙”为姓氏。

名人

春秋时期晋国名士公孙杵臼，卫国神箭手公孙丁，战国时期思想家公孙龙，孟子学生公孙丑，政治家、改革家公孙鞅，西汉名臣公孙弘，东汉将军公孙瓒，唐朝舞蹈家公孙大娘。

名句

以战去战，虽战可也；以杀去杀，虽杀可也；以刑去刑，虽重刑可也。（公孙鞅《商君书·画策》）

指也者，天下之所无也。物也者，天下之所有也。（公孙龙《指物论》）

仲孙

郡望

高阳郡。

起源

春秋时期鲁国桓公之子名庆父，亦称“共仲”“仲庆父”“孟孙氏”，其后人有的将“仲”“孙”二字合在一起，成为仲孙姓。

轩辕

郡望

邰阳郡。

起源

黄帝号为轩辕氏，其后人有的以先祖号为姓。

名人

唐朝道士轩辕集。

名句

绝声色，薄滋味，哀乐一致，德施无偏，尧舜禹汤之所以致上寿者，此也。（轩辕集）

令狐（Líng hú）

郡望

太原郡。

起源

春秋时期，周文王之曾孙毕万在晋国为官。毕万的曾孙魏颗是一员猛将，因屡建战功而受封于令狐邑，其后人便以先祖封邑名为姓。

名人

北周大将军令狐整，唐朝名臣令狐楚、令狐绪，文史学家令狐德棻，明朝经学家令狐瑝。

名人故事

令狐绪，唐朝人，令狐楚的儿子。令狐绪曾先后出任随州、汝州、寿州三州刺史，均有善政。汝州人曾奏请刻碑为其歌功颂德，绪以其弟令狐绹在朝中执掌国政为由而一再谦让，此事也就作罢了。

钟离

郡望

会稽郡。

起源

春秋时期楚国大夫伯宛受封于钟离，其后人以先祖封邑名为姓。

名人

战国时期齐宣王后钟离春，三国吴国武陵太守钟离牧，唐朝道士钟离权（即民间传说中八仙之一汉钟离），宋朝龙图阁待制钟离瑾。

名人故事

钟离牧，三国时期吴国山阴人，字子幹。年轻时曾垦田种稻，及至稻谷成熟时，有个县民声称这些土地是他的，要钟离牧交出土地和稻谷，钟离牧便将稻谷都给了那个县民。县令知道后，把那个县民召来，要用法律制裁他。钟离牧反过来为他说情。那个县民很惭愧，将取走的稻谷舂成米送还，钟离牧坚辞不受。那个县民将米放置路边，没有一个人去取。钟离牧因此而扬名。

宇文

郡望

赵郡。

起源

魏晋时期，鲜卑首领葛乌菟狩猎时，在河中得玉玺。鲜卑人称天为宇，将此事称为天赐文玺，于是号称“宇文氏”。

名人

西魏丞相宇文泰，北周武帝宇文邕，隋朝工部尚书宇文恺，唐朝宰相宇文融，宋朝文学家宇文虚中。

名句

遥夜沉沉满幕霜，有时归梦到家乡。传闻已筑西河馆，自许能肥北海羊。回首两朝俱草莽，驰心万里绝农桑。人生一死浑闲事，裂眦穿胸不汝忘。（宇文虚中《在金日作》）

长孙

郡望

济阳郡。

起源

拓跋珪建立北魏后，赐其曾祖父长子沙漠雄的儿子嵩为长孙氏，于是便有了“长孙”一姓。

名人

隋朝泾州刺史长孙览，右骁卫将军长孙晟，唐朝太宗妻长孙皇后，太尉长孙无忌，诗人长孙佐辅，名臣长孙恕。

慕容

郡望

敦煌郡。

起源

鲜卑单于自称慕容氏，其意为“慕二仪之德，继三光之容”。

名人

隋朝名将慕容三藏，宋朝检校太尉慕容延钊，颍州团练使慕容德丰，刑部尚书慕容彦逢。

名人故事

慕容德丰，宋朝太原人，字日新。德丰先任升州都监，以廉洁闻名。宋真宗咸平年间，德丰升任镇州知府，正遇辽兵入侵。德丰缮兵固守，饷馈不绝，确保了镇州无虞。他为人轻财，乐善好施，临终前，家无余财。

司徒

郡望

赵郡。

起源

夏商周三朝均设司徒一职，相当于后世的宰相，担任过此职的官员的后裔有的便以先祖官职名为姓。

名人

春秋时期陈国大夫司徒贞子，唐朝太常卿司徒映，五代礼部侍郎司徒翊，明朝辽阳卫参军司徒化邦，当代爱国华侨领袖司徒美堂，画家司徒乔。

名句

司徒映，唐朝泽州人。司徒映于唐文宗大和年间弃官归家，隐迹藏名。他素有清望，又颇具才干，掌权的人多次推荐他，终不仕。

司空

郡望

顿丘郡。

起源

传说帝少昊曾设司空一职，专司水利土木工程，担任过此职的官员的后裔有的便以先祖官职名为姓。

名人

唐朝诗人司空曙，唐末诗评家司空图。

名句

世乱同南去，时清独北还。他乡生白发，旧国见青山。晓月过残垒，繁星宿故关。寒禽与衰草，处处伴愁颜。（司空曙《贼平后送人北归》）

燕语曾来客，花催欲别人。莫愁春已过，看着又新春。（司空图《退居漫题》）

千字文

中国传统语文教育的一个重点是识字教育，主要教材是“三、百、千”(即《三字经》《百家姓》《千字文》)。南朝梁周兴嗣编的《千字文》是一本公认为编得好的识字书，从南北朝直到清末，流行了一千四百多年，成为世界上现存出书最早、使用时间最久、影响最大的识字课本，不能不说是世界教育史上的一个奇迹。试想，只用一千个字，基本上不重复，四字一句，每句成文，前后连贯，还要押韵，这是多么不容易的事。其包括天地、历史、人事、修身、读书、饮食、居住、农艺、园林以及祭祀等多方面内容，虽然深深地打上了封建社会的印记，但有些话如“知过必改，得能莫忘。罔谈彼短，靡恃己长。信使可覆，器欲难量”“尺璧非宝，寸阴是竞”，到今天也还有其积极意义；有些描写自然景物的话如“渠荷的历，园莽抽条。枇杷晚翠，梧桐蚤凋。陈根委翳，落叶飘摇”，显得优美清新。全书所选一千个字，都是古书上常用的，多数的句子也都是普通的文言语法结构，很明显是为了适应儿童识字教育的需要，尽量避免了生僻字和艰涩难懂的句子，这也是颇不容易的。清褚人获谓此书“如舞霓裳于寸木，抽长绪于乱丝”，明代以诗古文名家、独主文坛二十年的王世贞称之为绝妙文章，绝不是偶然的。据唐代李绰的《尚书故实》记载，周兴嗣作此书“一夕编缀进上，鬓发皆白”。《千字文》问世后，不但蒙馆塾师用作儿童识字课本，社会上也广泛流传，商人账册、考场、试卷以至大部头书卷册的编号，也常以“天地玄黄……”为序。《千字文》不但在汉民族中流传，还出现了满汉对照本和蒙汉对照本；甚至不只在中国流传，还远传至朝鲜、日本。现在韩国首尔旧时皇宫思政殿前还有天字库、地字库、玄字库等实物。明代书商还将胡曾《咏史诗》、李翰《蒙求》与周兴嗣《千字文》合刻在一起，叫作《释文三注》，一时广为流传；后来还传到了日本进行复刊，称为《明本排字增广附音释文三注》。

由于《千字文》的名气很大，一些书法大家也竞相书写。据《尚书故实》记载："右军孙智永禅师，自临八百本散与人间，江南诸寺各留一本。"除智永所书《千字文》外，留传至今的还有唐怀素、欧阳询，宋徽宗赵佶，元赵孟頫，明文徵明，清刘石庵等众多书法名家多种字体的本子。

我们说以"天地玄黄"开头的《千字文》是周兴嗣所作，是根据《梁书》的记载，较为可信。周氏字思纂，梁武帝时曾为员外散骑侍郎，官终给事中，以文名。

喻岳衡

导读

开篇气势不凡，以浩茫天空为背景，以广袤大地作舞台，充分展示出宇宙的神秘和无穷魅力。万物遵循着一定的规律而变化，自然遵循着基本的法则而运行。大千世界，无所不包，无奇不有。此段文字的描述铺陈，从宇宙到大地，从空间到时间，从宏观到微观，从自然到物产，环环相扣，层层递进，体现了作者开阔的视野和恢宏的气度。

原文

天地玄[1]黄，宇宙洪荒。日月盈[2]昃[3]，辰[4]宿[5]列张。寒来暑往，秋收冬藏。闰[6]余成岁，律吕[7]调阳。云腾致雨，露结为霜。

译文

天空玄青，大地黄，无边无际宇宙茫茫。日出日落，月圆月缺，星辰布满天上。寒来暑往，时令循环，秋天收获，冬季储藏。历法以闰余积成闰年，音乐用律吕调节阴阳。云气升空化作雨，露水遇冷凝为霜。

注释

1 **玄：**玄青，深黑色。古人认为天为玄青色，地为黄色。 **洪荒：**混沌蒙昧的状态，此处指宽阔辽远。

2 **盈：**充满。

3 **昃(zè)：**太阳偏西。

4 **辰：**泛指众星。

5 **宿(xiù)：**中国古代将天上某些星的集合体称为宿，共二十八宿，分别为东方七宿，角、亢、氐、房、心、尾、箕；南方七宿，井、鬼、柳、星、张、翼、轸；西方七宿，奎、娄、胃、昴、毕、觜、参；北方七宿，斗、牛、女、虚、危、室、壁。

6 **闰：**一回归年的时间为365天5时48分46秒。阳历把一年定为365天，所余的时间约每四年积累成一天，加在二月里；农历把一年定为354天或355天，所余的时间约每三年积累成一个月，加在一年里。这样的方法，在历法上叫作闰。

7 **律吕**：古代用竹管或金属管制成的校正乐律的器具，以管的长短来确定音的不同高度。从低音管算起，成奇数的六个管叫作"律"，又叫阳律；成偶数的六个管叫作"吕"，又叫阴律。后来用"律吕"作为音律的统称。

原文

金生丽水[1]，玉出昆冈[2]。剑号巨阙[3]，珠称夜光[4]。果珍李柰[5]，菜重芥[6]姜。海咸河淡，鳞[7]潜羽[8]翔。

译文

黄金出产于金沙江底，美玉生成在昆仑山。最有名的宝剑是巨阙，最珍贵的明珠叫夜光。水果中珍品是李子和花红，蔬菜中美味数芥菜和生姜。海水咸，河水淡，鱼儿在水中潜游，鸟儿在空中翱翔。

注释

1 **丽水**：即金沙江，相传江中盛产黄金。

2 **昆冈**：即昆仑山，相传山里盛产美玉。

3 **巨阙**：相传为春秋时期铸剑名师欧冶子所铸，钝而厚重，坚硬无比。

4 **夜光**：即夜明珠。

5 **柰(nài)**：果木名，俗名花红，亦名沙果。

6 **芥**：一年或二年生草本植物。种子黄色，有辣味，磨成粉末，叫芥末，用作调味品。芥菜变种很多，形态各异。

7 **鳞**：鱼鳞，此处泛指鱼类。

8 **羽**：羽毛，此处泛指禽类。

链接

盘古开天地：传说天地本是混沌一片，盘古就生活在混沌中。有一天，盘古睁开眼睛，见眼前漆黑一团，遂用斧头朝四周砍去，天地于是分开了。

导读

承上一段讲自然现象，地理物产，本段讲人文历史，从三皇五帝起，概述历史上的兴衰治乱，让人对历史有一个大体的认知。

原文

龙师[1]火帝[2]，鸟官[3]人皇[4]。始制[5]文字，乃服衣裳。推位[6]让国，有虞[7]陶唐[8]。吊民伐罪[9]，周发[10]殷汤[11]。

译文

龙师与火帝，鸟官与人皇。仓颉造文字，嫘祖制服装。禅让王位的贤人，要数有虞和陶唐。抚慰百姓讨伐暴君，典范便是姬发和殷汤。

注释

1 **龙师**：伏羲氏以龙名官，称为龙师。

2 **火帝**：神农氏以火德称王，故称炎帝，以火名官，故又称火帝。

3 **鸟官**：少昊以鸟名官，称为鸟官。

4 **人皇**：传说中远古部落的酋长，后将其神化，与天皇、地皇合称三皇。

5 **始制**：开始创制。

6 **推位**：禅让之意。

7 **有虞**：上古传说中的舜帝，因其先国于虞，故称有虞氏，又称虞舜。

8 **陶唐**：上古传说中的尧帝，初封于陶，又封于唐，故称陶唐氏，又称唐尧。

9 **吊民伐罪**：慰问受苦的民众，讨伐有罪的统治者。吊，慰问。伐，讨伐。

10 **周发**：周武王姬发。

11 **殷汤**：商朝的建立者汤。

原文

坐朝问道，垂拱[1]平章[2]。爱育黎首[3]，臣伏戎羌[4]。遐迩[5]一体，率宾归王[6]。鸣凤在竹，

译文

他们端坐于朝垂衣拱手，与臣子把国家大事商量。他们爱护养育百姓，四方各族归附向往。远近地域都实现了统一，万民相率服从于君王。凤凰和鸣于竹林，白驹觅食在

白驹食场。化[7]被[8]草木，赖及[9]万方[10]。	草场。君王的道德教化覆盖万物，君王的恩泽德行遍及四方。

注释

1 **垂拱：**垂衣拱手，多指统治者无为而治的治世方式。

2 **平章：**评议，商酌。

3 **黎首：**百姓。

4 **戎羌：**泛指古代少数民族。

5 **遐迩：**遐，远；迩，近。

6 **率宾归王：**指土地和人民都统一于某个君王。《诗经·小雅·北山》："溥天之下，莫非王土；率土之滨，莫非王臣。"

7 **化：**教化

8 **被：**盖，遮覆。

9 **赖及：**传及，遍及。

10 **方：**地区，地域。

链接

仓颉造字：传说黄帝的史官仓颉相貌奇异，长着四只眼睛，通过观察鸟兽足迹和形体来造字。

导读

古人非常看重个人的修为，例如我们所熟知的古代读书人推崇的"修身、齐家、治国、平天下"，在这一递进关系中，"修身"居第一位，可以延伸理解为具备良好的品行，是做好家事、国事、天下事的基础。在品行上追求尽善尽美的人，其事业也可以做得有声有色。秉承这一理念，此节列举了一系列做人立身必须具备的品行，诸如爱惜身体、贞洁纯良、知错必改、杜绝是非、诚实守信、宽宏大度、见贤思齐、积德积善、尽忠尽孝、和睦持家、友爱兄弟、保持节操，等等。值得注意的是，作者花了一定的篇幅强调礼仪的重要性，谆谆告诫人们如何处理尊卑之间、夫妻之间、长幼之间、兄弟之间、朋友之间的关系，倡导以好的品格、好的节操、好的心性、好的意志来塑造自我、完善自我，侧面反映出封建社会里士大夫的追求。

原文

盖[1]此身发，四大[2]五常[3]。恭[4]惟鞠[5]养，岂敢毁伤。女慕[6]贞洁，男效才良[7]。知过必改，得[8]能[9]莫忘。罔[10]谈彼短，靡[11]恃己长。信[12]使可覆[13]，器[14]欲难量。

译文

我们的身体发肤分属“四大”，我们的行为准则必须符合“五常”。父母给予的身体应该爱护，岂能有一丝一毫的毁伤。女子要仰慕贞洁的节操，男人要效法德才兼备的贤良。知道过错必须改正，学习知识不应轻忘。切莫背后议论别人的短处，不要仗恃自己的优长。诚实守信方能经受时间考验，器量大度别人就难以度量。

注释

1 **盖**：发语词，无义。

2 **四大**：古人认为人的身体由地、水、火、风“四大”组成，其中，骨、肉、毛发郡望；血液、眼泪属水；体温属火；体内循环属风。

3 **五常**：即仁、义、礼、智、信。

4 **恭**：恭敬。

5 **鞠**：抚养，养育。

6 **慕**：向往。

7 **才良**：有德才的人。

8 **得**：获得，获取。

9 **能**：能力，知识。

10 **罔**：不要。

11 **靡**：无，没有。

12 **信**:诚实,守信。

13 **覆**:审察,考察。

14 **器**:器量。

原文

墨[1]悲丝染,诗[2]赞羔羊。景行[3]维贤,克念[4]作圣。德建[5]名立,形[6]端表[7]正。空[8]谷传声,虚[9]堂习听。祸因恶积,福缘善庆。尺璧非宝,寸阴是竞[10]。

译文

墨子叹息易染的蚕丝,《诗经》赞美洁白的羔羊。景仰贤者的言行,克制私欲使自己成为圣人。养成好的道德,树立好的名声,体态端庄,仪表庄重。空旷的山谷声音可以传得很远,宽敞的厅堂说话也能荡起回声。祸害是因为多次作恶积累而成,福分是由于常年行善的结果。径尺之璧玉不算宝贵,一寸之光阴值得珍惜。

注释

1 **墨**:墨子。

2 **诗**:指《诗经》。

3 **景行**:景仰。

4 **念**:杂念,私欲。

5 **建**:养成。

6 **形**:形状,形体。此处指动作体态。

7 **表**:外面,外表。此处指仪表风度。

8 **空**:空旷。

9 **虚**:宽敞。

10 **竞**:争。

原文

资[1]父事[2]君,曰

译文

赡养父亲侍奉君主,必须认真恭敬。尽

严[3]与敬。孝当竭力，忠则尽命。临深履薄[4]，夙[5]兴[6]温[7]凊[8]。似兰斯[9]馨[10]，如松之盛，川流不息，渊澄[11]取映[12]。

孝当竭尽全力，尽忠应不惜生命。侍奉君主要像临深渊履薄冰时那样小心谨慎，奉养父亲则应早起晚睡，注意冬暖夏凉。这样的品德像兰花一样馨香，像松柏一般茂盛，像江河一样流淌不息，似碧潭一样澄澈地倒映。

注释

1 **资**：赡养，侍奉。
2 **事**：服侍，侍奉。
3 **严**：敬畏。
4 **临深履薄**：临深渊，履薄冰。
5 **夙**：早。
6 **兴**：起。
7 **温**：温暖。
8 **凊**(qìng)：清凉。
9 **斯**：这；此。
10 **馨**：散布得很远的香气。这里指人的德行。
11 **澄**：清澈。
12 **映**：映照，倒映。

原文

容止[1]若思[2]，言辞安定。笃[3]初诚美，慎终宜令[4]。荣业[5]所基，籍甚[6]无竟[7]。学优登仕，摄职[8]从政。存以甘棠[9]，去而益[10]咏。

译文

行为要端正安详，言辞要从容淡定。专注创造良好的开始诚然必要，谨慎追求完美的结果尤应注重。德行是终身事业的基础，声誉日隆绵延无尽。学问做好了就可走上仕途，谋取职位参与政事为国效命。要学召公甘棠树下理政，他离开后人们还作诗长久吟咏。

注释

1 **容止**:容貌举止。

2 **思**:沉思,引申为端正安详。

3 **笃**:坚实,深厚,这里指专注于某事。

4 **令**:美好。

5 **荣业**:盛大的事业。

6 **籍甚**:盛大;多。一般用来形容名声或声誉。《汉书·陆贾传》:"贾以此游汉廷公卿间,名声籍甚。"

7 **竟**:停止。

8 **摄职**:代理官职,指做官从政。

9 **甘棠**:传说西周初召公南巡途中曾在甘棠树下理政,其品行风度让当地百姓深受感染。在召公离去后,当地人民一直保留着这棵甘棠树,并创作《甘棠》诗以纪念其人其德。

10 **益**:更加。

原文

乐殊[1]贵贱,礼别[2]尊卑。上和下睦,夫唱妇随。外受傅[3]训,入奉母仪[4]。诸姑伯叔,犹子比儿。孔[5]怀[6]兄弟,同气[7]连枝。交友投分[8],切磨[9]箴规[10]。

译文

音乐区分贵贱,礼仪辨别尊卑。在上者和在下者要和睦相处,丈夫和妻子之间要和谐相随。在外虚心接受老师教诲,在家恭谨侍奉母亲。姑母伯父叔父都是长辈,要尊敬爱戴如同他们的亲生儿女。兄弟姊妹同出一脉,要相亲相爱如同相连的树枝。结交朋友要注重情投意合,学习上相互切磋,品行上相互勉励。

注释

1 **殊**:区分,区别。

2 **别**:区分,辨别。

3 **傅**:负责教导或传授技艺的人,此处指老师。
4 **仪**:礼节,礼仪,规范。
5 **孔**:大,很。
6 **怀**:心中怀有,这里指兄弟间要相亲相爱。
7 **同气**:气类相投,这里指兄弟姊妹。
8 **投分**:情分相投。
9 **切磨**:切磋砥砺之意。
10 **箴规**:规劝。

原文

仁慈隐恻[1],造次[2]弗离。节义廉退[3],颠沛[4]匪[5]亏[6]。性静情逸,心动神疲。守真[7]志满,逐物意移。坚持雅操[8],好爵[9]自縻[10]。

译文

常怀仁慈恻隐之心,即便遇到危难都不放弃。常守节义廉退之德,即便颠沛流离也不会有所损伤。心性平静,情绪便安逸自在;心性躁动,精神就紧张疲惫。保持本性,内心就充实满足;追逐物欲,意志便容易动摇。坚持高尚情操,好的职位就会属于自己。

注释

1 **隐恻**:恻隐,怜惜。
2 **造次**:匆忙,仓促,这里指危难。
3 **廉退**:廉让,谦让。
4 **颠沛**:穷困,受挫折。
5 **匪**:非,不。
6 **亏**:减损,减少,这里指有所损伤。
7 **守真**:保持真元;保持本性。
8 **雅操**:高尚的操守。
9 **爵**:爵位,此处指职位。
10 **縻**(mí):系住。

链接

徙木立信：商鞅在推行变法之前，命人把一根长的木头放在都城南门，下令说：“谁把木头背到北门，赏十金。”老百姓惊疑不定，商鞅又提高赏金至五十金。这时有一人将木头扛到了北门，结果他如约获得了赏金。商鞅此举提高了人民对政府的信任度，其后来的变法措施也得到了大多数人的支持。

导读

都城是城市制度的最高形式，也是一个国家政治、经济和文化的中心。中国封建社会的都城，其设计理念追求“天人合一”的境界，体现皇权的至高无上、王朝的长治久安和天子的庄重威严。都城作为首善之区，还是群英汇聚、文化荟萃之地。贤臣良将的辅佐，是国家得以安宁稳定的保证，所以中国历史上便有盛世；奸臣庸将的充塞，则是国家动乱衰亡的祸根，所以中国历史上便有乱世。本节最后，作者的视野越过都城，放眼神州胜迹，由近到远，由点及面，开合有度。

原文

都邑[1]华夏，东西二京[2]。背邙[3]面[4]洛[5]，浮[6]渭[7]据[8]泾[9]。宫殿盘郁[10]，楼观[11]飞惊。图写禽兽，画彩仙灵。丙舍[12]傍启，甲帐[13]对楹[14]。肆[15]筵设席，鼓瑟吹笙。

译文

华夏有都城，东京和西京。洛阳背靠北邙，前临洛河；长安左跨渭河，右傍泾河。宫殿重重叠叠，盘曲美盛，楼阁高耸欲飞，让人心惊。上面绘着飞禽走兽，彩画着仙人神灵。正殿两侧大门开启，珍珠宝玉装饰楹柱。美味佳肴布满筵席，鼓瑟吹笙庆祝升平。

注释

1 **都邑**：都城。

2 **东西二京：**汉高祖刘邦建都于长安，史称西京；汉光武帝刘秀建都洛阳，史称东京。

3 **邙：**北邙山，位于河南洛阳北。

4 **面：**面临，面向。

5 **洛：**洛河。

6 **浮：**跨。

7 **渭：**渭河。

8 **据：**依傍。

9 **泾：**泾河。

10 **盘郁：**盘曲美盛的样子。

11 **观：**楼台。

12 **丙舍：**正殿两侧的配殿。

13 **甲帐：**传为汉武帝所造，饰琉璃珠、夜光珠等珍宝者为甲帐，以居神；其次为乙帐，以自居。这里泛指华美的帐幕。

14 **楹：**厅堂的前柱。

15 **肆：**铺陈之意。

原文

升阶纳陛[1]，弁[2]转疑星。右通广内[3]，左达承明[4]。既集坟典[5]，亦聚群英。杜[6]稿钟[7]隶，漆书[8]壁经[9]。

译文

文武百官沿着台阶步入殿堂，官帽晃动像满天的繁星。宫殿右边可以通向广内殿内，左边可以达到承明殿。这里既收藏着很多典籍，也汇聚了众多精英。这里珍藏着杜度的草书、钟繇的隶书，还有漆书的竹简和孔子旧宅中的经书。

注释

1 **陛：**宫殿的台阶。

2 **弁：**古代贵族的一种帽子，通常穿礼服时用之。此处指官帽。

3 **广内：**汉宫殿名，主要用于藏书，后泛指帝王的书库。

4 **承明：**汉宫殿名，为朝臣休息的地方。

5 **坟典：**即三坟五典，传说中的古书名，其中三坟记三皇之事，五典记五帝之事。此处泛指各种典籍。

6 **杜：**指东汉书法家杜度，善草书。

7 **钟：**指三国时魏书法家钟繇，善隶书。

8 **漆书：**以漆写字于竹简之上。

9 **壁经：**传说秦始皇焚书时，孔子八世孙孔腾将经书藏于孔宅壁中。到了汉代，鲁共王在拆孔子旧宅时意外发现这些经书。漆书壁经在这里泛指书籍之多。

原文

府罗[1]将相，路侠[2]槐卿[3]。户封八县，家给千兵。高冠陪辇[4]，驱毂[5]振缨[6]。世[7]禄侈富，车驾[8]肥轻。策功[9]茂实[10]，勒[11]碑刻铭[12]。

译文

宫廷里将相排列成行，出行时大臣夹道送行。皇上封赏每人八县的土地，并且配给成千的士兵。官员们头戴高高的官帽陪着皇帝出巡，驱动车马飞奔，帽带随风飘动。他们的子孙世袭俸禄，生活奢侈，出门时轻车肥马。他们功勋卓著，石碑和器物上铭刻着他们的功绩。

注释

1 **罗：**排列，罗列。

2 **侠：**通“夹”。

3 **槐卿：**周代朝廷种植三槐九棘，公卿大夫分列其下，正面三槐为三公，两侧九棘为卿大夫。槐卿在此处泛指大臣。

4 **辇：**皇帝乘坐的车子，此处代指皇帝。

5 **毂：**车轮，此处代指车辆。

6 **缨：**系帽的带子。

7 **世：**世袭。

8 **驾**：此处代指马。

9 **策功**：策勋，功勋。

10 **茂实**：盛美的德业，这里指功勋卓著。

11 **勒**：刻。

12 **铭**：刻在器物上歌功颂德的文字。

原文

磻溪[1]伊尹[2]，佐时阿衡[3]。奄宅[4]曲阜，微[5]旦[6]孰营？桓公[7]匡合[8]，济[9]弱扶倾。绮[10]回汉惠[11]，说[12]感武丁[13]。俊乂[14]密勿[15]，多士寔[16]宁[17]。

译文

姜太公与伊尹，都是辅佐君主匡时济世的一代名臣。获封曲阜，如果没有周公旦有谁能把鲁国来经营？齐桓公九次会合诸侯，帮助弱小诸侯国使其免遭灭顶之灾。绮里季挽回了汉惠帝的王位，傅说以治国才能感动武丁。英才勤勉工作是国家的福气，正是他们使国家获得安宁。

注释

1 **磻(Pán)溪**：故址在今陕西省宝鸡市东南，传说中姜太公吕尚钓鱼处。周文王在磻溪与姜太公相遇，聘其为军师。后来姜太公帮助周武王灭掉商朝。磻溪在这里代指姜太公。

2 **伊尹**：商汤王宰相。

3 **阿衡**：商朝官名，师保之官。

4 **奄宅**：抚定，谓统治，此处意为取得。

5 **微**：没有。

6 **旦**：周公旦。

7 **桓公**：春秋时期齐国君主，春秋五霸之一。

8 **匡合**：纠合力量，匡定天下。

9 **济**：接济，救援。

10 **绮**：即汉初高士绮里季。秦末天下大乱，绮里季与东园公、夏黄公和甪里先生等三位老人避乱于商山，称“商山四皓”。汉高祖曾想废掉太子，张良请来“商山四皓”游说，使汉高祖最终打消了废太子的念头。

11 **汉惠**：指汉惠帝，即前注所述汉高祖曾经想废的太子，他于汉高祖死后即位。

12 **说**：商朝武丁时期贤相傅说。传说他在傅岩做苦役，武丁梦上帝赐予贤相，醒来后将梦中所见绘成图画，最后找到了傅说，即拜为相。在傅说的辅佐下，商朝得以中兴。

13 **武丁**：商朝第二十三任君主，其在位时励精图治，实现了商朝的中兴。

14 **俊乂**：泛指德才兼备之人。古人以才德过千人为俊，过百人为乂。

15 **密勿**：勤勉努力。

16 **寔**：是，此。

17 **宁**：安定；安宁。

原文

晋楚更[1]霸，赵魏困横[2]。假途灭虢[3]，践土会盟[4]。何[5]遵约法[6]，韩[7]弊[8]烦刑。起翦颇牧[9]，用军最精。宣威沙漠，驰[10]誉丹青[11]。

译文

晋楚两国相继称霸，赵魏两国先后受困于连横。晋献公向虞国借路讨伐虢国，晋文公在践土地方会盟诸侯。萧何遵循高祖的约法三章，匡佐汉室；韩非主张苛酷刑法，自己却在严刑中丧命。白起、王翦、廉颇和李牧，带兵有方，用兵如神。他们的声威远播沙漠，他们的英名史册永存。

注释

1 **更**：更替，交替。

2 **横**：连横。战国时期，苏秦游说六国合纵以抗秦，张仪则游说六国连横以事秦。

3 **假途灭虢**：春秋时期，晋献公欲伐虢国，途中须经过虞国，晋献公用谋臣荀息之计，以财货买通了虞国国君，晋军得以通过虞国。灭掉虢国后，晋军在回师途中又灭掉了虞国。

4 **践土会盟:**践土,地名。春秋时期,晋文公于城濮之战击败楚军后,在践土会盟诸侯,相约效命于周王室。

5 **何:**汉高祖时丞相萧何。

6 **约法:**秦末,刘邦在攻入咸阳后,与父老约法三章,杀人者死,伤人及盗抵罪。

7 **韩:**战国时期思想家韩非。

8 **弊:**败坏,疲困。这里引申为丧命。

9 **起翦颇牧:**分别指战国时期秦国名将白起、王翦,赵国名将廉颇、李牧。

10 **驰:**传播。

11 **丹青:**指史籍。古代丹册纪勋,青史纪事。

原文

九州[1]禹迹,百郡[2]秦并。岳[3]宗[4]泰岱[5],禅[6]主[7]云亭[8]。雁门[9]紫塞[10],鸡田[11]赤城[12]。昆池[13]碣石[14],巨野[15]洞庭。旷远[16]绵邈[17],岩岫[18]杳冥[19]。

译文

九州遍布大禹的足迹,秦始皇统一天下百郡。五岳之尊为泰山,天子封禅在云亭。名关有雁门,要塞有长城,驿站有鸡田,奇山有赤城。赏池去滇池,眺海临碣石,观泽奔巨野,看湖下洞庭。苍茫大地辽阔无涯,峰峦起伏壮丽幽深。

注释

1 **九州:**古代分中国为九州,一般指冀州、豫州、雍州、扬州、兖州、徐州、梁州、青州、荆州,后用以泛指天下。

2 **百郡:**秦始皇统一中国后,将当时的疆土分为三十六郡,汉朝则进一步分为一百零三郡,此处代指天下。

3 **岳:**五岳,即东岳泰山,西岳华山,南岳衡山,北岳恒山,中岳嵩山。

4 **宗:**尊。

5 **泰岱:**即泰山。泰山又名岱宗,故称。

6 **禅**:古代帝王祭祀土地山川。在泰山上筑土为坛,报天之功,称封;在泰山下辟场祭地,报地之德,称禅。

7 **主**:主持。

8 **云亭**:云云山和亭亭山的合称。据《史记·封禅书》载,无怀氏封泰山,禅云云;黄帝封泰山,禅亭亭。

9 **雁门**:雁门关,在今山西代县城北。

10 **紫塞**:长城的别称。秦始皇筑长城,土色为紫色,故称紫塞。

11 **鸡田**:古代西北塞外地名,当地设有最偏僻的古驿站。

12 **赤城**:山名,多以称土石赤而状如城堞的山。

13 **昆池**:即昆明滇池。

14 **碣石**:山名,在今河北昌黎县境内。

15 **巨野**:湖名,在今山东巨野县,已干涸。

16 **旷远**:空旷辽阔。

17 **绵邈**:辽远苍茫。

18 **岩岫**:峰峦。

19 **杳冥**:幽深渺茫。

导读

本节作者讲到了做人应当具备的一些品质,以及为人处世应注意的一些事项,如质朴和刚直,中庸和谦逊,察言观色,趋利避害,等等。质朴,是指人应保持单纯、天真、笃诚的天性,不应心机满腹,尔虞我诈;刚直,是指人应具备刚强、正直的品格,不应心怀胆怯,人云亦云。做人须谦虚谨慎,事事中庸则不完全可取。与人交往时懂得察言观色,有助于人际关系的处理,但不提倡看别人脸色行事。趋利避害,人之常情,但不提倡见利忘义、有损德行的做法。

原文

治本于农,务资稼穑[1]。

译文

治国之本在于农,稼穑之事须上

俶载南亩[2]，我艺[3]黍稷[4]。税熟贡新，劝赏[5]黜陟[6]。

心。辛勤劳作在农田，黄米小米忙播种。粮食丰收缴新税，官府赏罚最分明。

注释

1 **稼穑：**种植和收割，泛指农业劳动。

2 **俶(chù)载南亩：**出自《诗经·小雅·大田》："以我覃耜，俶载南亩。"俶，开始。载，通"菑(zī)"，耕作。南亩，谓农田。

3 **艺：**种植。

4 **黍稷：**黄米和小米，此处泛指五谷。

5 **劝赏：**奖赏。

6 **黜陟：**降职为黜，升职为陟。

原文

孟轲[1]敦[2]素[3]，史鱼[4]秉[5]直。庶几[6]中庸[7]，劳谦[8]谨敕[9]。

译文

孟子崇尚质朴，史鱼追求刚直。做事讲求中庸之道，做人勤劳谦恭，谨慎自饬。

注释

1 **孟轲：**孟子。

2 **敦：**崇尚，注重。

3 **素：**质朴无饰。

4 **史鱼：**即史鳝，字子鱼，春秋末年卫国大夫。

5 **秉：**秉持。

6 **庶几：**差不多。

7 **中庸：**不偏不倚。

8 **劳谦：**勤劳谦恭。

9 **谨敕：**谨慎自饬。

原文

聆音察理，鉴貌辨色。贻[1]厥[2]嘉[3]猷[4]，勉其祗[5]植[6]。省躬讥诫[7]，宠[8]增[9]抗极[10]。殆[11]辱近耻，林皋[12]幸即[13]。

译文

听人说话明辨是非，看人面孔辨析心理。将其好的经验遗留给后人，勉励他们谨慎立身处世。听到别人的指责和告诫，要反省自己；受到恩宠过多，就容易被抬举重用过甚。有危险耻辱之事来临，避居山林即可平安度日。

注释

1 **贻：**遗留。
2 **厥：**代词，其。
3 **嘉：**善，美好。
4 **猷**(yóu)**：**计划，谋略。
5 **祗**(zhī)**：**恭敬。
6 **植：**树立。
7 **诫：**告诫。
8 **宠：**荣宠。
9 **增：**加多，更加。
10 **抗极：**抗，举，支撑，这里指被抬举、重用。极，顶点，最高限度。
11 **殆：**接近。
12 **林皋：**指树林高阜，犹山林。皋，水边的高地。
13 **即：**至，到。

原文

两疏[1]见机[2]，解[3]组[4]谁逼？索居[5]闲处[6]，沉默寂寥[7]。求[8]古寻论，散[9]虑[10]逍遥。欣[11]

译文

疏广、疏受预见危险便急流勇退，辞官归隐有谁逼迫？甘于离群独居，悠闲度日，心境沉静淡泊。探求古书中的哲理，寻觅其精辟高论，排解思虑，自在逍遥。高兴的事接

奏[12]累[13]遣[14]，戚[15]谢[16]欢招。	踵而来，劳神的事抛到脑后，远离了忧愁，欢欣就在身边围绕。

注释

1 **两疏**：指西汉宣帝时太子太傅疏广，其侄太子少傅疏受。两人均以年老多病为由辞官而归。

2 **机**：征兆，预兆。

3 **解**：解开，脱下。

4 **组**：古代佩印用的丝带。

5 **索居**：孤独地散处一方。

6 **闲处**：谓在家闲居。

7 **寂寥**：恬静，淡泊。

8 **求**：寻觅。

9 **散**：排解，消散。

10 **虑**：思虑，忧虑。

11 **欣**：欢喜。

12 **奏**：通“凑”，聚集。

13 **累**：操劳，劳累。

14 **遣**：打发，消除。

15 **戚**：忧郁，忧愁。

16 **谢**：辞去，拒绝。

导读

本节作者讲到了自然景象、读书、饮食、为人处世等，从自然到社会，内容丰富，告诉人们做人做事应懂得的一些基本道理。最后，作者发出几许感慨，江山日新，人才辈出，但时光如箭，韶华易逝。因此，每一个人都应珍惜时间，珍惜青春，积德行善，怡情养性，才能使有限的生命富有意义，使短暂的人生充满收获。

原文

渠[1]荷的历[2]，园莽[3]抽条。枇杷晚翠，梧桐蚤[4]凋。陈根委翳[5]，落叶飘摇。游鹍[6]独运[7]，凌摩[8]绛霄[9]。

译文

池塘荷花开得艳丽灿烂，园中草木竞显鲜嫩枝条。枇杷到了岁末，仍然青翠欲滴；梧桐一逢秋日，便尽失妖娆。树根陈腐，老树倒地，风吹落叶，空中飘摇。鲲鹏凌空独翔，扶摇直上九霄。

注释

1 **渠：**人工开凿的水道，此处指池塘。

2 **的历：**光亮鲜明的样子。

3 **莽：**密生的草。

4 **蚤：**通“早”。

5 **委翳：**萎谢。委，通“萎”。

6 **鹍：**同“鲲”，此处指鲲鹏，传说中的大鸟。

7 **运：**移动，运转。这里指飞翔、飞舞。

8 **凌摩：**迫近，接近。

9 **绛霄：**指天空极高处。

原文

耽读玩市[1]，寓目[2]囊箱。易輶[3]攸畏[4]，属耳[5]垣墙。具[6]膳餐饭，适口充肠。饱饫[7]烹宰，饥厌[8]糟糠[9]。亲戚故旧，老少异粮。

译文

读书该像王充那样沉迷，满目都是书袋和书箱。为人处世须谨慎，隔墙有耳应提防。安排膳食，要适合口味，能充饥肠。饱时连山珍海味都厌恶，饥时不嫌弃糟糠。亲戚故旧盛情来款待，老人小孩食物要不同。

注释

1 **耽读玩市：**东汉哲学家王充因家贫买不起书，经常去书肆看书，以至于废寝忘食。耽，沉溺，入迷。

2 **寓目**：过目。

3 **易輶**(yóu)：指对小事容易轻视、疏忽。輶，轻。

4 **攸畏**：有所畏惧。攸，所。

5 **属耳**：以耳触物，常用来指窃听。

6 **具**：备，办。

7 **饫**(yù)：饱食，饱足。引申为因饱食而生厌。

8 **厌**：满足。

9 **糟糠**：酒糟、米糠等粗劣食物。

原文

妾御[1]绩纺[2]，侍巾帷房[3]。纨扇[4]圆洁，银烛炜煌[5]。昼眠夕寐，蓝笋[6]象床[7]。

译文

侍妾勤勉绩纺，侍候主人。细绢制成的团扇浑圆洁白，银色的烛台灯火辉煌。白日休憩，夜晚安歇，有青篾编成的竹席和象牙镶嵌的寝床。

注释

1 **御**：管理，掌管。

2 **绩纺**：绩麻纺纱。

3 **帷房**：指夫妻居住的内室。

4 **纨扇**：用细绢制成的团扇。纨，白色细绢。

5 **炜煌**：灯火辉煌的样子。

6 **蓝笋**：用青篾编成的竹席。蓝，青色。

7 **象床**：用象牙装饰的床。

原文

弦歌酒宴，接杯举觞[1]。矫[2]手顿足，悦豫[3]且康[4]。嫡后[5]嗣[6]续，

译文

酒宴上弦歌不绝于耳，美酒一觞接一觞。客人兴高采烈手舞足蹈，大家纵情欢乐享受美好时光。嫡子继承先祖事业，祭祀大

祭祀[7]烝尝[8]。稽颡[9]再拜，悚惧[10]恐惶。

事不能遗忘。以额触地一拜再拜，表达敬意诚惶诚恐。

注释

1 **觞**(shāng)：泛指酒器。

2 **矫**：高举。

3 **豫**：快乐。

4 **康**：安乐。

5 **嫡后**：正妻之后，即嫡子。嫡，正妻。

6 **嗣**：接续，继承。

7 **祭祀**：旧俗备供品向神佛或祖先行礼，表示崇敬并求保佑。

8 **烝尝**：本指秋冬二祭，后亦泛指祭祀。秋天祭祀为尝，冬天祭祀为烝。

9 **稽颡**(sǎng)：古代一种跪拜礼，屈膝下拜，以额触地，表示极度虔诚。颡，额头。

10 **悚惧**：恐惧。

原文

笺[1]牒[2]简要，顾答[3]审[4]详。骸[5]垢[6]想浴，执[7]热愿凉。驴骡犊[8]特[9]，骇[10]跃超骧[11]。诛斩贼盗，捕获叛亡[12]。

译文

撰写书信、公文要简明扼要，回答问题要准确周详。身体有了污垢自然想要沐浴，接触发热物体便愿尽快清凉。驴子、骡子、牛，受到惊吓也会奔跑发狂。对贼盗之人要诛杀，对叛逃之人要抓捕。

注释

1 **笺**(jiān)：泛指书信。

2 **牒**(dié)：泛指公文。

3 **顾答**：回答。

4 **审**：详细，仔细。

5 **骸**：指身体。

6 **垢**：污秽，污浊。

7 **执**：持，拿着。

8 **犊**：小牛。

9 **特**：公牛，也泛指牛。

10 **骇**：惊吓，震惊。

11 **驤**(xiāng)：奔驰，腾越。

12 **亡**：逃跑。

原文

布[1]射僚[2]丸，嵇[3]琴阮[4]啸。恬[5]笔伦[6]纸，钧[7]巧任[8]钓。释[9]纷利俗[10]，并皆佳妙。毛[11]施[12]淑[13]姿，工[14]颦[15]妍[16]笑。

译文

吕布擅长射箭，熊宜僚长于捶丸之戏，嵇康精于弹琴，阮籍专擅长啸。蒙恬发明毛笔，蔡伦发明纸张，马钧机械制造工巧，任公子钓术高。消除纠纷方便大众，受人拥戴为人称道。毛嫱、西施姿容美好，一颦一笑美丽动人。

注释

1 **布**：东汉末年名将吕布，擅长射箭。

2 **僚**：春秋时期楚国人熊宜僚，擅长玩捶丸之戏。

3 **嵇**：三国时期魏国文学家嵇康，擅长弹琴。

4 **阮**：三国时期魏国文学家阮籍，专擅长啸。

5 **恬**：战国时期秦国名将蒙恬，传说他发明了毛笔。

6 **伦**：东汉发明家蔡伦，他发明了造纸术。

7 **钧**：三国时期魏国人马钧，他改进了织绫机，制造了指南车、水车，发明了一种攻城用的轮转式发石机。

8 **任**：任公子，传说中的人物，擅长钓大鱼。事见《庄子·外物》。

9 **释**：消除。

10 **俗**:民众,大众。

11 **毛**:春秋时期越国美女毛嫱。

12 **施**:春秋时期越国美女西施。

13 **淑**:美好。

14 **工**:长于,善于。

15 **颦**(pín):皱眉。

16 **妍**:美丽。

原文

年矢[1]每[2]催,曦晖[3]朗曜[4]。璇玑[5]悬斡[6],晦魄[7]环照。

译文

时光如箭催人渐老,只有阳光永远辉耀。北斗高悬运转不息,月光明暗环球普照。

注释

1 **矢**:箭。

2 **每**:经常。

3 **曦晖**:指阳光。

4 **朗曜**:光芒闪耀。

5 **璇玑**:北斗前四星,也叫魁。

6 **斡**:旋转,运转。

7 **晦魄**:此处指月亮。

原文

指薪[1]修祜[2],永绥[3]吉劭[4]。矩步[5]引领,俯仰[6]廊庙[7]。束带矜庄[8],徘徊瞻眺。孤陋寡闻,愚蒙等[9]诮[10]。

译文

薪火相传积德行善自然修来福分,子孙赖以永远安康吉祥美好。举止得体步态从容,方可对朝廷之事应对自如。穿戴严整庄重,才能高瞻远瞩。孤陋寡闻一如愚昧无知,两者同样受到讥讽嘲笑。称作语气助词的,

谓语助者，焉哉乎也。	有焉、哉、乎、也。

注释

1 **指薪：**薪火相传之意。出自《庄子·养生主》："指穷于为薪，火传也，不知其尽也。"指，通"脂"，古时以油脂作为照明的燃料。

2 **祜**(hù)**：**福。

3 **绥**(suí)**：**安好。

4 **劭：**美好。

5 **矩步：**端方合度的行步姿态。形容举止得体，合乎规矩。

6 **俯仰：**低头和抬头，此处引申为周旋、应付。

7 **廊庙：**此处代指朝廷。

8 **矜庄：**严肃庄重。

9 **等：**同样。

10 **诮：**责备，讥讽。

图书在版编目(CIP)数据

三字经 百家姓 千字文/王践导读注译．—长沙：岳麓书社，2019.6

(古典名著普及文库)

ISBN 978-7-5538-0991-5

Ⅰ．①三…　Ⅱ．①王…　Ⅲ．①古汉语—启蒙读物　Ⅳ．①H194.1

中国版本图书馆 CIP 数据核字(2018)第 215813 号

SANZI JING　BAIJIA XING　QIANZIWEN

三字经　百家姓　千字文

导读注译：王　践

责任编辑：孙世杰

责任校对：舒　舍

封面设计：罗志义

岳麓书社出版发行

地址：湖南省长沙市爱民路 47 号

直销电话：0731-88804152　0731-88885616

邮编：410006

岳麓书社网址：www.yueluhistory.com

2019 年 6 月第 1 版第 1 次印刷

开本：890mm×1240mm　1/32

印张：11.25

字数：328 千字

ISBN 978-7-5538-0991-5

定价：32.00 元

承印：湖南众鑫印务有限公司

如有印装质量问题，请与本社印务部联系

电话：0731-88884129